종교개혁자들과의 대화 vol. 10
# 종교개혁과 교리

*종교개혁자들과의 대화 Vol. 10*
# 종교개혁과 교리

**1쇄 발행** 2016년 12월 23일
**2쇄 인쇄** 2017년 3월 20일

**지은이** 황대우
**펴낸이** 이의현
**펴낸곳** SFC출판부
**등 록** 제 114-90-97178
 (137-803) 서울특별시 서초구 고무래로 10-8 2층 SFC출판부
 Tel. (02)596-8493  Fax. 0505-300-5437
**홈페이지** www.sfcbooks.com   **이메일** sfcbooks@sfcbooks.com

**기획·편집** 이의현
**디자인편집** 이새봄
**영업마케팅** 조형준
**인쇄처** 성광인쇄

ISBN 979-11-87942-08-5  04230

**값 7,000원**

잘못 만들어진 책은 언제든지 교환해드립니다.

종교개혁자들과의 대화 Vol. 10
# 종교개혁과 교리

황대우 지음

이 소책자는 거제 섬김의교회의 후원으로 만들어졌습니다.

# 시리즈 서문

500년 전 1517년에 하나님께서는 루터와 같은 말씀의 종들을 세우셔서 거짓되고 부패한 교회를 순수한 말씀을 통해 새롭게 하셨습니다. 이 뜻깊은 해를 맞이하여 우리는 종교개혁의 정신을 정확하게 이해하고, 그것을 바탕으로 오늘의 우리를 성찰하며, 다음 세대에게 그 정신을 잘 전수할 수 있기를 간절히 기대하고 있습니다. 종교개혁이 무엇이었는가에 대한 논의는 지금까지 숱하게 이루어져 왔고 앞으로도 계속해서 연구될 겁니다. 고신레포Refo500 준비위원회는 "오직 말씀 위에 교회를!"(The Church on the Word Alone!)이라는 슬로건 하에 '성경'과 '교리'와 '역사'라는 세 가지 큰 영역을 중점적으로 살피면서 변화와 갱신의 운동인 종교개혁을 주목했습니다.

고신레포Refo500 준비위원회는 다양한 사업들 중 핵심 사업으로『종교개혁자들과의 대화』시리즈를 기획했습니다. 이 시리즈는 총 12권의 소책자로 구성되었는데, 종교개혁이 일으킨 변화를 예배로부터 시작하여, 교회, 역사, 교육, 가정, 정치, 경제, 문화, 학문, 교리, 과학, 선교까지 모두 12가지 영역을 다룹니다. 이 시리즈를 펴내는 이유는 먼저 종교개혁이 당시 로마교회의 미신적인 몇몇 행태를 개혁한 것이 아니라, 유럽 사회 전체를 변혁한 총체적인 개혁이었다는 것을 드러내기 위함입니다. 그리고 여기서 더 나아가 종교개혁이 당시 유럽사회를 구체적으로 어떻게 변화시켰는지 파악하고, 다음으로 이런 총체적인 개혁이 오늘날 우리에게 어떻게 적용될 수 있는지를 찾아가기 위함입니다.

종교개혁은 유럽 사회 전체와 모든 영역을 개혁한 전무후무한 말씀운동이었습니다. 그러므로 우리 스스로 종교개혁의 의의를 교회 내의 활동으로 국한시키는 어리석음을 범하지 말아야 합니다. 현대 기성 기독교인들은 물론 자라나는 기독 청소년들을 위해서도 이런 작업은 꼭 필요합니다. 우리 기독 청소년들이 교회에서 말씀을 잘 깨닫고, 그래서 사회의 어떤 영역으로 나가더라도 그 말씀을 가지고 개혁의 일꾼으로 살아갈 수 있어야 하기 때문입니다. 이 시리즈가 종교개혁이 우리 시대에 살아있는 역사로 자리매김하는 일에 조금이나마 도움이 되기를 바랍니다. 이 시리즈를 집필하느라 수고한 집필진들과 후원해준 교인들과 교회들, 그리고 출판을 책임져준 SFC출판부에게 진심으로 감사의 말씀을 전합니다.

2016년 12월

고신레포Refo500 준비위원회

# 목차

| | |
|---|---|
| 시리즈 서문 | 5 |
| 들어가면서 | 11 |
| **제1장 창조** | **15** |
| 1) 세상이 창조되었다는 것은 사실인가요? | 15 |
| 2) 하나님께서는 정말 계실까요? | 21 |
| 3) 사람은 어떤 존재인가요? | 28 |
| 4) 세상에는 왜 악이 있나요? | 35 |
| **제2장 구원** | **43** |
| 1) 구원이란 무엇인가요? | 43 |
| 2) 성경이 구원의 계시라는 말은 무슨 뜻인가요? | 50 |
| 3) 구원받을 사람이 미리 정해져 있다는 것은 사실인가요? | 56 |
| 4) 예수님께서는 어떤 분이신가요? | 64 |
| 5) 믿음으로 구원받는다는 말은 무슨 뜻인가요? | 70 |

## 제3장 교회

1) 교회란 무엇인가요? ... 79
2) 설교는 무엇이며 왜 필요한가요? ... 85
3) 세례를 받는다는 것은 무엇을 의미하나요? ... 92
4) 성찬에 참여하는 것은 무엇을 의미하나요? ... 99
5) 그리스도인은 왜 반드시 기도해야 하나요? ... 104

## 제4장 종말

1) 천국의 삶은 죽음 이후에야 비로소 시작되나요? ... 111
2) 예수님의 재림은 우주적 종말과 최후의 심판을 의미하나요? ... 118

## 나가면서 ... 125

## 참고문헌 ... 129

# Reformed

들어가면서:
# 교리의 개혁에서 시작된 종교개혁

 2017년은 종교개혁 500주년이라는 뜻깊은 해입니다. 1517년 10월 31일은 마르틴 루터(Martin Luther)가 비텐베르크성당 정문에 '95개 조항의 토론문'을 게재한 날로 알려져 있는데, 개신교회들이 이날을 종교개혁 기념일로 정했기 때문입니다. 16세기에 10월의 마지막 날은 중세교회력에서 가장 큰 축제일 가운데 하나였던 모든 성인의 날, 즉 만성절(11월 1일) 하루 전이었습니다. 만성절은 수많은 그리스도인들이 기독교 성인들의 유명한 유적지, 즉 죽은 성인들의 유물들이 많은 곳으로 찾아가 축복해달라고 기도하는 날이었습니다. 당시 작센의 수도 비텐베르크는 성인들의 유물을 많이 수집해놓은 도시였습니다. 그래서 만성절에 수많은 사람들이 그 도시로 모여들 것이라 예상했던 루터는 하루 전날 '95개 조항'의 글을 내걸었던 겁니다.

신학적인 토론을 제안하는 루터의 '95개 조항'은 사실상 중세 로마교회의 교리가 성경의 지지를 받지 못할 뿐만 아니라, 성경의 가르침에 위배된다는 점을 지적한 겁니다. 루터는 '95개 조항'을 통해 중세의 잘못된 기독교 교리를 바로잡아야 한다고 소리쳤습니다. 예컨대, 성경의 회개는 고해성사를 의미하지 않는다는 것, 교황에게는 죄를 용서할 수 있는 권한이 없을 뿐만 아니라 모든 형벌을 사면할 어떤 권한도 없다는 것, 면죄부 판매는 그것으로 형벌로부터 해방될 수 있는 것처럼 사람들을 속이는 기만행위라는 것, 진정으로 회개하는 그리스도인은 면죄부 없이도 자신의 형벌과 죄로부터 완전한 자유를 누릴 수 있다는 것, 참된 그리스도인이 예수님과 교회의 모든 유익에 참여하는 것은 면죄부 없이 하나님의 의로 말미암아 가능하게 된다는 것, 면죄부로는 결코 구원받을 수 없다는 것, 면죄부 판매가 탐욕의 결과이며 돈을 긁어모으는 수단이라는 것 등을 지적한 겁니다.

이상에서도 알 수 있듯이, '95개 조항'의 토론문에서 루터가 주로 비판하는 교리는 '면죄부'와 '교황'이었습니다. 여기서 루터는 면죄부 판매의 부당성을 지적했을 뿐만 아니라, 교황이 그리스도의 지상대리자라는 중세교회의 주장을 거부했습니다. 1518년 4월에 루터는 자신이 속한 아우구스티누스 수도회 총회에 참석해 '하이델베르크 논제'를 발표했는데, 이 논제를 흔히 루터의 '십자가 신학'이라고 부릅니다. 여기에 루터의 이신칭의 사상이 분명하게 드러납니다. "하나님의 율법은 삶의 가장 건전한 지침이지만 사람을 의의 길로 가게 할 수는 없으며 오히려 그렇게 하는 것을 방해합니다." "많이 행하는 사람이 의로운 것이 아니라, 행위가 없어도 그리스도를 굳게 믿는 사람이 의로운 것입니다."

기독교 '교리'란 기독교의 주요한 '가르침'을 의미합니다. 루터가 원했던 것은 잘못된 교리의 개혁이었는데, 이것이 종교개혁이 되었던 겁니다. 하지만 교리의 개혁은 단순히 '가르치는 이론'만의 문제가 아니라, '신앙적인 행위'의 문제이기도 합니다. 따라서 종교개혁은 먼저 기독교 교리를 회복하는 운동이었을 뿐만 아니라, 나아가 이 교리에 일치하는 그리스도인다운 삶을 회복하는 운동이었습니다. 한마디로 진정한 기독교 신앙의 회복운동이 종교개혁이었습니다. 이제부터 종교개혁으로 회복된 교리를 함께 살펴보도록 하겠습니다.

# Reformed

제1장

# 창조

## 1) 세상이 창조되었다는 것은 사실인가요?

"태초에 하나님이 천지를 창조하시니라."(창세기 1장 1절) 이것은 성경을 시작하는 첫 문장입니다. 16세기에는 종교개혁자들뿐만 아니라 유럽인들 모두가 하나님께서 이 우주 만물을 창조하신 것으로 믿었습니다. 하지만 오늘날에는 기독교인들이 많이 줄어들었고 많은 사람들이 진화론을 배우고 자란 탓인지, 창조를 믿지 않는 사람들이 대부분입니다. 심지어 기독교인들 중에도 더 이상 창조를 믿지 않는 사람들이 많을 뿐만 아니라, 점점 늘어갑니다. 오히려 진화론을 더 쉽게 믿습니다. 왜 그럴까요? 진화는 논리적이고 합리적인 데 반해, 창조는 기독교 신앙에 근거한 비논리적인 추론이라고 쉽게 단정하기 때문입니다. 창조가 이성으로는 불가해한 신비인 것은 사실이지만, 그렇다고 비합리적인 것이 결코 아닙니다.

우주의 기원은 어떻게 설명할 수 있을까요? 우주의 기원에 대한 이론은 크게 세 가지로 분류할 수 있습니다. 첫째는 우주는 무에서 스스로 출현했다는 주장입니다. 둘째는 우주는 그 자체로 시작도 끝도 없이 영원하다는 주장입니다. 셋째는 우주는 신이 창조한 피조물이라는 주장합니다. 우주의 기원에 대한 어떤 주장도 이 세 가지 이론의 범주를 벗어나지는 않습니다.

진화론으로 우주의 기원을 설명하는 가설은 1번 혹은 2번의 이론을 지지할 겁니다. 그런데 진화는 정적인 과정이 아니라 동적인 과정, 즉 변화를 전제로 합니다. 그래서 사람들은 끊임없이 변화하는 신비롭고 광대한 우주를, 마치 그 자체로 신적인 존재인 것처럼 시작도 끝도 없이 영원하다거나, 또는 스스로 무에서 출현한 것으로 보곤 합니다. 그리고 이런 관점을 흔히 자연신론이나 이신론이라 부릅니다. 그러므로 자연신론자나 이신론자들이 진화론을 주장하는 경우가 많습니다. 모든 현상의 기원을 물리적 실재로부터 찾는 유물론자들 역시 진화론을 주장할 가능성이 매우 높습니다.

진화론자들은 대개 '빅뱅이론'이라는 것을 받아들이고 이것으로 우주의 기원을 설명합니다. 빅뱅이론이란 지금의 우주에 앞서 우주원료라는 것이 있었고, 그것이 폭발함으로써 우주가 발생하게 되었다는 주장입니다. 빅뱅이론의 가장 강력한 증거로는 현재 우주가 팽창하고 있다는 관측 결과입니다. 우주가 팽창하는 이유를 대폭발에서 찾는 겁니다. 재미있는 사실은, 거대한 폭발에 의해 팽창하는 우주는 매우 아름답고 질서정연한 형태로 팽창하고 있다는 겁니다. 마치 정해져 있는 어떤 원리에 따라 폭발하고 팽창하는 것처럼!

빅뱅이론, 즉 우주대폭발이론을 진화론의 근거로 주장하는 사람들에게 중요한 것이 '우연'입니다. 진화론자들은 우주대폭발의 발생 이유와 목적을 모르기 때문에, 그것이 우연히 일어난 사건이라고 말합니다. 또한 진화론자들은 진화가 성립되기 위해서 반드시 두 가지 필수 조건이 전제되어야 한다고 하는데, 그것은 '긴 시간'과 '우연'입니다. 즉 진화란 어마어마하게 긴 세월 동안 매우 느리게 일어나는 하나의 과정일 뿐만 아니라, 또한 일정한 법칙 없이 우연히 발생하는 것이라고 주장합니다. 진화론자들은 우주 변화의 근원을 설명하지 못하는 자신들의 논리적 결함을 이 두 가지 요소로 가려놓고는, 신께서 우주를 창조하셨다는 창조론을 부인합니다. 그리고 우주는 아무런 목적이 없으며, 알 수 없는 법칙에 따라 순환하거나, 우연에 의해 진화하고 있을 뿐입니다.

반면에 창조론은 하나님께서 우주 만물을 창조하시되, 자신의 치밀한 계획과 한 치의 오차도 없는 의지의 실행을 통해 창조하셨다는 주장입니다. 온 우주는 하나님의 창작품이기 때문에 이처럼 정교하고 조화롭고 질서정연한 것입니다. 그리고 아름답고 정교한 예술작품이나 건축물, 전자제품, 우주선 등과 같은 것을 보면 먼저 '누가 만들었을까?'를 생각하는 것이 자연스럽고 당연한데, 하물며 세상의 어떤 위대한 창작물보다도 정교하고 조화로울 뿐만 아니라 질서정연하기까지 한 우주를 보면서 '어떻게 우연히 발생한 것이라고 생각할 수 있는가?'라고 반문합니다.

진화론자들의 전제인 우연성 이론의 가장 심각한 문제는 인간의 지적 의식과 연관됩니다. 생물들은 저급한 생존본능 의식에서부터 고도의 이해능력을 지닌 인간의 의식에 이르기까지 다양한 지적 의식을 지니고 있습니다. 그런데 이런 지적 의식이 언제 어떻게 생성되었을까요? 각 생명체는 그것이 가진 지적 의식의 통제를 받고 있기 때문에 이 문제는 진화론에서 무엇보다 중요합니다. 생명체가 생명활동을 시작하려면 그것을 통제하는 소프트웨어-프로그램, 즉 지적 의식과 결합되어 있어야 합니다. 그렇다면 각 생명체의 지적 의식은 언제 어떻게 만들어져서 개체와 결합된 걸까요?

진화론자들은 생명체의 지적 의식도 저절로 우연히 발생한 하나의 생화학적 현상일 뿐이라고 주장합니다. 하지만 이것이 과학적인 설명일까요? 진화론이 과학이라면 실험으로 증명하면 됩니다. 즉 먼저 단백질 유기체를 만들고, 세포 유기체를 만들고, 메커니즘대로 기관을 만들고, 물질대사를 실험함으로써 의식이 있고 활동하는 생명체가 만들어진다는 것을 증명하면 됩니다. 그런데 지적 의식에 대해 실험적으로 증명해서 설명할 수 있는 것이 전무한 상태에서, 진화론을 과학이라고 주장하는 것은 위선이요, 기만입니다. 이런 진화론자들이야말로 우연이라는 환상에 빠져있는 맹목적인 광신도들이 아닐까요? 리처드 도킨스(Richard Dawkins)는 '오랜 시간'과 '우연'만으로 보잉747이 저절로 생겨날 수 있다고 주장하는데, 과연 그의 주장이 얼마나 과학적일까요? 그의 주장은 그의 신념과 신앙일 뿐, 결코 과학적이지 않습니다.

사실, 진화론자들이 주장하는 진화의 과정은 창세기 1장에 기록된 6일의 창조과정과 유사합니다. 빅뱅이론의 출발

점이 하나님께서 첫 날에 창조하신 태초의 빛과 유사하다는 것은 참으로 놀랍습니다. 그리고 지구에서 바다를 모든 생명체의 기원으로 간주하는 진화론의 설명도 셋째 날의 창조와 유사하고, 바다의 어류가 육지의 동물이 되었다는 진화과정도 창조과정과 크게 다르지 않습니다. 차이점이라면, 창조론에서는 식물과 동물과 사람이 각각 독립적으로 창조된 피조물이라고 주장하는 반면, 진화론에서는 그들이 하나의 기원에서 시작하여 오랜 시간 동안 진화의 과정을 거치면서 분리된 것이라고 주장한다는 겁니다. 보잉747이 창조론자들에게는 계획적으로 만들어진 것인 반면, 진화론자들에게는 우연히 저절로 생겨난 겁니다.

종교개혁자들뿐만 아니라 역사 속의 모든 신학자들은 성경말씀대로 우주만물이 무로부터 창조된 하나님의 피조물이라고 가르칩니다. 그래서 기독교 신자는 온 세상이 하나님께서 그분의 계획에 따라 만드신 신적인 작품이라는 사실을 믿고 고백합니다. 하나님께서 세상을 무로부터 창조하셨다는 것은 기독교 신앙의 핵심교리 가운데 하나입니다. 칼빈에 따르면, 창조된 세상은 하나님의 영광의 '극장'입니다. 예술가처럼 하나님께서도 자신의 창작품인 우주 만물에 자신의 영광을 새겨 놓으셨다는 뜻입니다. 물론 예술가의 예술작품처럼 우주에 새겨진 신적인 영광은 오직 창조자이신 하나님만이 온전히 아시겠지만, 작품을 보는 사람 역시 작품의 위대함과 작가의 의도를 어느 정도는 느끼고 알 수 있습니다.

하나님께서는 아무런 이유나 계획도 없이 어느 날 갑자기 이 세상을 창조하신 것이 아닙니다. 선하신 계획에 따라 매우 신중하고 조심스럽게, 그리고 너무나도 아름답고 질서정연하게 창조하셨습니다. 하나님께서 창조하신 우주 만물이 얼마나 위대하고 정교한 작품인지는 창세기 1장에 기록된 6일의 창조기사만 읽어봐도 알 수 있습니다. 그리고 2절에 기록된 '혼돈'과 '공허'는 하나님의 창조 행위가 '질서'와 '채움'의 방법으로 진행된다는 사실을 아주 분명하게 보여줍니다. 하지만 무한하신 하나님의 창조 계획과 섭리가 때론 혼돈스럽고 공허하게, 때론 우연처럼, 때론 진화처럼 보입니다. 그 이유는 우주 만물이 무한하신 하나님의 작품인 데 반해, 그것을 파악하는 우리 인간의 인지 능력은 지극히 제한적이기 때문입니다.

## 2) 하나님께서는 정말 계실까요?

18세기까지만 해도 유럽의 사상적 패러다임은 '신이 존재한다'라는 것이었습니다. 하지만 이런 패러다임은 계몽주의와 산업혁명, 프랑스대혁명을 거치면서 심하게 공격받다가, 1, 2차 세계대전을 치른 후에는 확실히 '신은 죽었다'라는 니체의 선언으로 상징되는 무신론의 패러다임으로 바뀌었습니다. 이런 현상은 과학의 귀납적 증명, 곧 특정 현상들로부터 일반 원리나 사실을 증명하는 방법이 등장한 후로 더욱더 강해졌습니다.

21세기는 사람의 모든 이성과 감각이 신의 부재를 선호하는 시대입니다. 이렇게 된 이유 중 하나는 신의 존재를 귀납적으로 증명할 길이 없기 때문입니다. 그러나 만일 신의 존재를 증명할 수 없다고 신이 부재한다고 한다면, 반대로 신의 부재를 귀납적으로 증명하지 못하는 과학을 핑계 삼아 신이 존재한다고 주장할 수도 있지 않을까요? 하지만 신의 존재와 부재는 과학의 귀납적 방법으로 증명할 수 있는 문제가 아닙니다. 왜냐하면 하나님께서는 영적인 분이시기 때문입니다. 그럼에도 불구하고 오늘날 신의 부재를 주장하는 목소리가 하늘을 찌릅니다. 21세기는 신의 부재라는 패러다임이 대세인 시대입니다.

무신론자들은 신이 부재하다는 것을 다양한 목소리로 외칩니다. 특히 자연적인 재앙과 재난으로 발생하는 고통과 비참함, 그리고 수많은 악의 존재를 들먹일 때는, 마치 이것들이 신의 부재를 증명하기라도 하는 것처럼 기세등등합니다. 반면에 신의 존재를 믿는 자들의 소리는 단지 교회와 같은 특정한 장소에서만 들릴 정도로 미약합니다. 하지만 점괘나 귀신을 믿는 미신은 오히려 더 극성을 부리는 것 같습니다. 참으로 이상한 현상이 아닐 수 없습니다. 사실 미신은 두려움을 미끼로 사람의 마음을 유혹해 훔치는 종교적인 마술에 불과합니다.

종교는 신의 존재를 믿고 숭배하는 것을 의미합니다. 이런 종교는 진리를 추구하는 사람만의 전유물입니다. 사람에 가장 가까운 영장류로 분류되는 원숭이조차도 종교를 모릅니다. 이런 종교에 대해 혹자는 사람이 자신의 한계와 두려움을 극복하기 위해 만들어낸 미개한 의식의 일종이라고 폄훼합니다. 그래서 종교를 아편에 비유하기도 합니다. 그런데 종교는 정말로 사람이 스스로 해결할 수 없는 문제를 회피하기 위한 수단, 즉 아편에 불과할까요?

혹자는 그런 사람들보다는 고상하게, 종교의 가치를 사회적 윤리와 도덕성에서 찾습니다. 그 대표적인 인물이 독일의 철학자 칸트입니다. 그는 『이성의 한계 안에서의 종교』(*Die Religion innerhalb der Grenzen der bloßen*

*Vernunft*, 1793년)라는 책에서 종교를 다름 아닌 윤리로 규정합니다. 칸트의 논리에 따르면, 종교는 사람을 윤리적 인간으로 만드는 훌륭한 도구입니다. 따라서 종교의 가치와 역할은 사람을 악하지 않도록 선도하는 것 이상도 이하도 아닙니다. 그러면 정말로 종교는 인간 사회를 윤리적으로 유지하기 위한 수단에 불과할까요? 만약 그렇다면, 오늘날 종교인이라고 해서 모두가 비종교인보다 더 도덕적인 것은 아니라는 사실을 어떻게 설명할 수 있을까요?

사람은 누구나 자신만의 약점과 두려움이 있고, 또한 이러한 약점과 두려움을 신앙, 즉 종교로 해소하려는 경향이 있는 것도 사실입니다. 하지만 신앙과 종교를 미개한 의식이나 아편으로 치부하는 것은 부당합니다. 칸트가 간파한 것처럼 대부분의 건전한 종교는 윤리적이기 때문입니다. 물론 종교적 가르침이 윤리 교과서의 내용과 동일한 것은 아닙니다. 그러므로 종교와 윤리가 동일하다고 말한다든지, 종교가 윤리 이상의 역할을 할 수 없다고 말하는 것은 어불성설입니다. 이른바 고등종교는 대부분 법이나 양심이 요구하는 윤리보다 훨씬 높은 수준의 윤리를 요구합니다. 이런 점에서 기독교는 가장 윤리적인 종교에 속합니다.

사람은 누구나 대체로 자신 외에 자신보다 더 큰 위력을 가진 무엇이 있어서 자신이 그 영향 아래 있다고 믿습니다. 그러한 믿음이 사람들을 일종의 종교인이 되게 만듭니다. 그러한 믿음의 대상은 절간의 수많은 그림과 형상들이 될 수도 있고, 돈이나 권력, 혹은 사이비 교주가 될 수도 있습니다. 만일 이런 사람 모두를 종교인 혹은 신앙인으로 분류한다면, 아마도 무신론자는 세상에 거의 없을 겁니다. 그러나 이런 사람들을 모두 유신론자로 간주할 수는 없습니다.

유신론자들은 다음과 같이 세 가지로 분류할 수 있습니다. 먼저 신의 존재를 믿는 유신론 가운데 자신의 한계를 넘어서 자신에게 영향을 미치는 신적 대상이 오직 하나뿐이라고 여기는 것을 '일신론'이라고 부릅니다. 이와 달리 그런 신적 존재가 여럿이라고 여기는 것을 '다신론'이라고 부릅니다. 유대교와 기독교, 이슬람교 등이 일신론으로 분류되고, 로마 신화나 동양의 토속신앙 등이 다신론으로 분류됩니다. 한편 이것일지 저것일지 모른다고 보는 것이 '불가지론'인데, 이것은 사람의 지식과 경험으로는 신을 확실하게 알 수 없다는 이론입니다. 유신론자들 가운데도 불가지론자들이 상당히 많습니다.

기독교는 하나님께서 한 분이시라고 분명하게 가르치지만, 세 위격, 즉 성부, 성자, 성령으로 계신다고 가르칩니다.

이것이 기독교의 핵심적인 교리 가운데 하나인 '삼위일체론'입니다. 삼위일체 교리는 한 분 하나님께서 세 분 하나님이시고 세 분 하나님께서 한 분 하나님이시라는 것인데, 이것은 다른 유일신 종교, 예컨대 유대교나 이슬람교에서는 찾아볼 수 없는 기독교만의 독특한 유일신 개념입니다. 유대교와 이슬람교와는 달리 기독교는 한 분 하나님께서 성부 하나님, 성자 하나님, 성령 하나님으로 계신다고 믿습니다. 교회들은 일찍이 니케아 공의회(주후 325년)로 모여 삼위일체 신앙을 고백하는 '니케아 신경'을 채택했고, 이를 부인하는 신앙을 이단으로 규정했습니다.

삼위일체 교리 때문에 기독교는 엄밀한 의미에서는 일신교도, 다신교도 아닙니다. 이것은 기독교를 일반적인 의미의 유신론으로 분류할 수도, 설명할 수도 없다는 말입니다. 일반적인 일신론과 기독교의 일신론은 완전히 다릅니다. 즉 누군가 막연히 한 분의 신이 있다는 것을 믿는다고 해서 자동적으로 삼위일체 하나님을 믿는 기독교 신앙인이 되는 것은 아니라는 뜻입니다. 그 이유는 기독교의 하나님이 삼위일체 하나님이시라는 것, 즉 확실히 한 분이시지만 동시에 세 분이시라는 것 때문입니다. 어떻게 그럴 수 있을까요?

삼위일체 교리는 이성적으로 온전히 이해할 수 없는 신

비입니다. 삼위일체 하나님을 아는 것은 오직 그분의 자기 계시에 의해서만 가능합니다. 삼위일체 하나님께서 자신이 어떤 존재인지 먼저 나타내 보이지 않으신다면, 아무도 그분을 알 수 없다는 뜻입니다. 그런데 다행스럽게도 하나님께서는 자신이 어떤 분이신지 알려주셨는데, 그것이 바로 성경입니다. 성경은 하나님께서 스스로를 계시해주신 책입니다. 그래서 성경을 하나님의 말씀이라 부릅니다. 하나님의 말씀인 성경을 통해서만이 기독교의 하나님이신 삼위일체 하나님을 제대로 알 수 있습니다.

성경은 창조자요, 섭리자요, 구원자이신 한 분 하나님을 성부와 성자와 성령이시라고 가르칩니다. 삼위일체 하나님을 구약은 희미하게 가르치지만, 신약은 매우 분명하게 가르칩니다. 삼위일체 하나님을 구분하는 핵심은 성자 예수님이십니다. 예수님께서 이 땅에 오셔서 자신을 하나님의 아들로 알리셨기 때문입니다. 예수님께서는 자신을 본 자가 아버지를 보았다고 말씀하셨습니다(요한복음 14장 9절). 그리고 부활하시고 승천하신 후에 다른 보혜사 성령님을 보내시리라 약속하셨는데(요한복음 16장 7절), 약속대로 오순절에 성령님께서 오셨습니다. 삼위일체 하나님께서는 이 세상에 하나님의 나라를 세우시는 구원 사역을 무엇보다 기뻐하십니다.

삼위일체 하나님을 사도 요한은 사랑이라 부릅니다. 사랑이신 하나님께서는 인격적인 분이십니다. 그러므로 하나님을 안다는 것과 믿는다는 것은 인격적인 하나님을 만나고 그 하나님을 인격적인 관계 속에서 신뢰한다는 뜻입니다. 즉 믿음과 지식은 동전의 양면과 같은 것으로, 인격적인 만남과 신뢰입니다. 삼위일체 하나님께서는 자신의 자녀를 최고의 사랑으로 대하시는 하늘 아버지이십니다. 인격적인 삼위일체 하나님께서 우리를 창조하시고 섭리하시고 구원하시는 주님이심을 깨닫지 못하면, 우리 자신이 죄인이라는 사실도 결코 알 수 없습니다. 삼위일체 하나님께서는 죄인을 용서하시고 구원하시는 사랑의 하나님이시지만, 동시에 진리와 선이시므로 모든 거짓과 악을 반드시 심판하시는 공의의 하나님이십니다.

## 3) 사람은 어떤 존재인가요?

사람은 하나님께서 지으신 피조물 가운데 하나입니다. 하지만 사람은 다른 피조물들과 전혀 다른 방식으로 만들어졌습니다. 왜냐하면 사람은 하나님의 형상을 따라 만들어졌기 때문입니다. 천사도 피조물이지만, 성경은 천사를 어떻게 만드셨는지 기록하지 않습니다. 따라서 천사가 어떻게 만들어졌는지 알 길은 없습니다. 하지만 하나님께서 다른 피조물과 달리 인간만은 하나님의 형상을 따라 만드셨다고 분명하게 기록하고 있기 때문에, 바로 이 점에서 인간은 동물과 근본적으로 다른 피조물이라는 사실을 알 수 있습니다.

오늘날 학교에서 사용하는 과학 교과서에서는 진화론을 가르칩니다. 무기물질에서 유기물질로 진화하고, 유기물질로 구성된 단세포 생물이 다세포 생물로 진화하여, 결국 인간으로까지 진화했다는 겁니다. 억측에 근거한 이런 진화론은 분명 잘못된 가르침이지만, 진화를 연구하는 과학이 모조리 틀린 엉터리 과학이라는 말은 아닙니다. 왜냐하면 진화와 관련해 과학자들이 설명하는 것들 가운데 일부는 과학적으로 밝혀진 사실이기 때문입니다. 또한 진화론자들은 모든 생물과 인간의 공통분모인 유기물질을 진화의 근거로 삼는데, 이것은 성경의 가르침과도 공통분모를 이룹니다.

성경은 육지의 각종 짐승이 땅에서 나왔다고 기록합니다. "땅은 생물을 그 종류대로 내되 가축과 기는 것과 땅의 짐승을 종류대로 내라 하시니 그대로 되니라"(창세기 1장 24절) 하나님께서는 사람을 만드실 때 흙을 사용하신 것처럼, 각종 생물을 만드실 때에도 동일하게 흙을 사용하셨습니다. 생물학적으로 해석한다면, 하나님께서 흙과 땅이라는 무기물질을 사용하여 유기물질을 만드시고, 그것으로 모든 생물과 사람이라는 생명체를 만드셨다고 말할 수 있습니다. 사람과 다른 동물들 사이의 생물학적인 유사성은 진화론자들이 강력하게 주장하는 내용인데, 성경 기록도 그런 유사성을 근본적으로 반대하는 것 같지는 않습니다.

그렇다면 성경과 과학을 무조건 대립관계로만 볼 필요는 없지 않을까요? 모든 동물들이 공통적인 유기물질이라는 것과 그것이 무기물질과 모종의 관계가 있다는 과학적 증거와 같은 과학적으로 밝혀진 사실들을, 그리스도인들이 경계하고 거부할 필요까지는 없을 것 같습니다. 이런 점에서 성경과 과학을 너무 성급하게 대립적인 상극으로 보는 것은 지혜롭지 않습니다. 또한 우리 그리스도인들이 하나님께서 주신 지혜로 발견한 과학적 사실을 두려워할 필요는 더욱 없습니다. 오히려 모든 진리는 하나님의 진리라는 확신을 가지고 과학적 사실을 탐구해야 합니다. 기독교인 과학자들은 발견된 작은 과학적인 진리조차도 하나님의 진리에 속한 줄 알고, 무신론자들이 그 진리를 자신들의 전유물인 양 무신론을 위한 만능열쇠처럼 사용하지 못하도록 앞장서서 막아야 합니다.

한편 과학자들은 발견된 과학의 원리가 영원불변의 진리가 아니라 현상적이고 제한적인 진리에 불과하다는 사실을 인정해야 합니다. 뿐만 아니라 과학적인 방법으로 밝힐 수 없는 신비의 진리가 존재한다는 사실도 겸손하게 인정해야 합니다. 이런 진리는 성경이 가르치는 하나님의 영원한 진리와 연결되어 있습니다. 성경이 과학 교과서가 아니기 때문에, 성경의 내용을 분석하고 해석하기 위해 귀납적이고 실험적인 과학 방법을 동원하는 것은 마치 몸에 맞지 않는 옷을 입는 것과 같습니다. 그러므로 성경을 과학 교과서처럼 다루는 자세는 결코 지혜롭지도 정당하지도 않습니다. 이런 자세는 자칫 과학의 원리뿐만 아니라 성경해석까지도 왜곡할 정도로 위험합니다. 성경은 과학의 원리를 기록한 것이 아니라, 단지 잃어버린 영생의 길을 제시하기 위해 기록된 구원을 위한 언약의 책입니다.

사람과 모든 생물의 공통분모가 유기물질이라는 사실이 진화를 지지한다거나 증명한다고 말할 수는 없습니다. 왜냐하면 그와 같은 사실은 만물의 창조를 확실하게 가르치는 성경을 통해서도 얼마든지 설명될 수 있기 때문입니다. 더욱이 성경은 다른 동물과 사람의 기원이 전혀 다르다는 것을 분명하게 설명합니다. 즉 사람은 하나님의 유일한 형상이라고 말씀합니다. 피조물 가운데 사람 외에는 그 어떤 것도 하나님의 형상으로 창조되었다고 가르치지 않습니다. 이 지점은 창조론과 진화론이 극명하게 갈라지는 선택의 기로입니다.

성경은 사람을 살아 있는 영혼, 즉 생령이라고 부릅니다. 인간 존재는 지금까지 진행된 진화과정의 최종 단계, 즉 가장 진화된 동물이 아닙니다. 동물과 달리 인간은 하나님의 유일한 형상입니다. 인간이 하나님의 형상이라는 사실은, 무엇보다도 하나님께서 영이시고 거룩하신 것처럼 사람도 영적인 존재이며 또한 거룩한 존재라는 뜻입니다. 그러므로 사람은 동물과 달리 영적이고 거룩한 존재입니다. 사람은 영적이시고 거룩하신 하나님과 인격적으로 소통하고 교제할 수 있는 유일한 존재입니다.

사람은 합리적인 사고, 예술적인 감각, 진선미(眞善美)에 대한 동경심, 선악을 구분하려는 도덕적인 양심 등을 가지고 있는데, 이것들은 어떤 동물에게서도 찾아볼 수 없는 사람만의 고유한 특징입니다. 사람이 하나님의 형상이라고 할 때 이런 요소들이 이 형상의 전부는 아니겠지만, 상당히 중요한 부분인 것만은 분명합니다. 이런 문명적이고 문화적이고 윤리적인 요소들만으로도 사람은 동물들과 완전히 다른 존재로 구분될 수 있고, 구분되어야 합니다.

사람이 진화의 산물이라고 주장하는 것은 인간 스스로 짐승에 불과한 존재라고 인정하는 꼴입니다. 인간이 동물이라면, 약육강식의 자연법칙에 따라 짐승처럼 사는 인간들을 비인간적이라고 비난할 수도, 비난해서도 안 될 겁니다. 인간은 진화했을 뿐 여전히 약육강식이라는 자연법칙의 지배를 받는 동물이니까요. 그렇다면 강한 인간이 약한 인간을 괴롭히고 때로는 죽여도, 그것을 비윤리적인 행위나 반사회적인 행위라고 처벌하는 것이 오히려 부당한 것이 아닐까요? 법과 규정을 만들어서 약육강식의 욕구를 억제하고 짐승과 다르게 살라고 강요하는 법치국가의 원리야말로 대자연의 법칙에 역행하는 것이 아닐까요?

하지만 성경에 따르면, 사람은 동물과 전혀 다른 피조물이요, '인격'을 논할 수 있는 존재입니다. 진화의 산물이 아닌 하나님의 형상, 즉 다른 동물과는 비교할 수 없는 고귀한 존재입니다. 그러므로 인간은 짐승이나 동물이 아닌, 인간 고유의 격에 맞는 모습으로 살 것을 요구받습니다. 이것이 다른 피조물을 다스리는 통치자의 모습입니다. 왜냐하면 하나님께서는 사람을 자신의 형상대로 만드신 후에 다음과 같이 명령하셨기 때문입니다. "생육하고 번성하여 땅에 충만

하라 땅을 정복하라 바다의 물고기와 하늘의 새와 땅의 움직이는 모든 생물을 다스리라"(창세기 1장 28절)

이 말씀은 마치 사람을 만물의 영장으로 간주하는 것 같습니다. 하지만 성경이 가르치는 만물의 영장은 '천상천하유아독존'이 아닙니다. 왜냐하면 만물의 영장으로서 사람이 하나님께 받은 사명은, 그 명령을 주신 창조주 하나님께 대한 존중심 없이는 수행이 불가능하기 때문입니다. 사람은 하늘에 계신 창조주 하나님을 의식하고 감사할 때 비로소 자신의 사명, 즉 땅에 충만하고 땅을 다스리고 다른 피조물을 다스리는 일을 제대로 감당할 수 있습니다. 하나님의 형상인 사람에게 부여된 사명은 만물을 선하게 통치하는 겁니다. 즉 창조주께서 그렇게 하신 것처럼, 만물을 섬김과 사랑으로 통치하는 겁니다. 완전한 섬김과 사랑은 선하신 하나님의 창조와 섭리의 원리일 뿐 아니라, 구원의 원리이기도 합니다.

이런 원리에 따라 사람은 하늘 위에 계신 창조주와 소통하고, 땅 위에 있는 다른 사람과 소통하며, 땅과 땅에 속한 피조물들과 소통할 수 있는 겁니다. 인간의 인간다움은 이와 같은 소통, 즉 교제에서 발견됩니다. 영적인 존재, 즉 거룩한 존재로 창조된 사람에게 있는 이성과 오감조차도 이런 소통과 교제를 위해 주어진 특별한 재능이 아닐까요? 사람은 하나님처럼 영적인 존재입니다. 그래서 하나님을 아버지라 부를 수 있고, 또한 하나님의 자녀라 불릴 수 있습니다. 이것은 하나님의 형상인 사람에게만 주어진 특권입니다. 창조주 하나님처럼 사람 역시 섬김과 사랑으로 하늘의 하나님과, 또한 땅의 모든 피조물과 소통하고 교제할 수 있는 거룩한 존재이며, 다른 피조물들을 다스릴 수 있는 선한 존재, 즉 하나님의 형상입니다.

### 4) 세상에는 왜 악이 있나요?

창조주 하나님께서는 자신의 형상대로 지으신 선한 존재인 사람에게 특별한 거처로 에덴동산을 마련해 주셨는데, 그때 그 에덴동산에서 살아가는 규칙도 함께 주셨습니다. 에덴동산에 각종 과일나무들을 두시고 더불어 동산 중앙에 생명을 얻는 생명나무와 선악의 지식나무도 함께 두시면서, 선악을 알게 하는 나무의 열매는 결코 먹지 않도록 단단히 명령하셨습니다. "선악을 알게 하는 나무의 열매는 먹지 말라. 네가 먹는 날에는 반드시 죽으리라"(창세기 2장 17절) 이런 규칙을 세우신 하나님의 의도는 아마도 사람에게 주어진 만물의 통치권이 본래부터 그 자신의 것이 아니라 창조주께서 주신 것인 줄을 알고, 피조물로서 창조주를 경외하는 마음을 잃지 말라는 뜻이었을 겁니다. 또한 창조주 하나님께서는 자신의 형상을 따라 창조된 특별한 피조물인 사람과 영적으로 항상 소통하고 교제하기를 원하셨기 때문일 겁니다.

아마도 선악을 알게 하는 나무가 선악의 맛이 나거나 먹으면 선악을 알게 되는 열매의 나무라는 말은 아니었을 겁니다. 오히려 선하게 지어진 존재로 하나님의 말씀에 순종할 수 있는 능력을 부여받은 하나님의 형상인 사람이 하나님의 명령을 어기고 금단의 열매를 따먹게 된다면, 그 행위 자체가 곧 창조주 하나님에 대한 배신과 피조물의 한계를 벗어나는 교만, 즉 불순종의 악이므로, 이로써 악을 알게 된다는 뜻이었을 겁니다. 아담과 하와가 선악과를 따먹었을 때, 그들은 '그들의 눈이 밝아져 자기들이 벗은 줄을' 알게 되었습니다. 이것은 그들이 순종이라는 선함만 알다가 불순종이라는 악함을 알게 되어, 그들 속에서 선과 악이 충돌하고 양심의 가책이 발생했다는 뜻입니다. 선악을 아는 지식은 악을 실행했을 때 비로소 깨닫고 얻게 되는 겁니다.

사탄의 말대로 아담과 하와가 선악과를 따먹었을 때 그들의 눈이 밝아져 선악을 알게 되었지만, 그들이 하나님과 동등한 상태가 되지는 않았습니다. 대신에 자신들의 벌거벗음만 알게 되었습니다. 즉 부끄러움을 느꼈습니다. 그들은 사탄에게 속은 겁니다. 이처럼 사탄의 속임수는 늘 교묘합니다. 아담과 하와는 불순종으로 하나님같이 되기는커녕 부끄러움에 몸 둘 바를 몰랐는데, 이 부끄러움은 사람이 잘못을 저지를 때 듣게 되는 양심의 소리입니다. 그들의 불순종은 그들에게 언제나 은혜와 사랑을 베푸시는 창조주 하나님에 대한 배신행위였습니다.

불순종의 행동 이전에 먼저 교만이 그들의 마음을 사로잡았을 것이라고 생각했던 아우구스티누스는 그 첫 번째 죄악의 원인을 교만으로 보았습니다. 하지만 아담과 하와의 타락 사건에서 타락의 심리적 원인으로 보이는 교만보다 더 중요한 것은 불순종입니다. 아담과 하와는 자신들을 위해 하나님께서 친히 세우신 규정을 무시하고 어기는 배신과 불법을 자행했습니다. 이 배신과 불법이 불순종의 죄악입니다. 죄악이 사람에게 들어오게 된 원인은 사람의 심리적인 교만 이전에 사탄의 속임수라고 할 수 있습니다. 이 속임수에 넘어감으로써 불순종의 죄를 범하게 되었고, 죄를 범함으로써 선악을 알게 된 사람은 죄를 범하지 않고도 선악을 아시는 하나님과 결코 같을 수 없습니다.

사탄의 속임수는 불행의 원인이며 사람의 불순종은 불행의 시작입니다. 세상의 모든 죽음과 파멸은 불순종의 결과이며, 불순종은 배은망덕의 결과입니다. 최초의 불순종은 은혜로우신 하나님에 대한 사람의 배신행위였습니다. 이 배신은 창조주 하나님과 피조물인 사람 사이의 신뢰를 산산이 깨뜨려버렸습니다. 사람의 배신행위는 단지 하나님과의 신뢰 관계만 파괴한 것이 아닙니다. 사람 속에 들어온 악은 순식간에 아담과 하와의 관계, 즉 사람과 사람의 관계도 파괴했고, 사람과 자연의 관계도 파괴해버렸습니다. 배신의 타락은 섬기는 사랑으로 소통하고 교제할 수 있는 선한 사람을 이기적인 불신과 증오와 지배의 괴물로 변질시켜버렸습니다. 첫 타락의 죄는 순식간에 우주 만물을 죽음과 파멸 아래 가두어버렸습니다.

아담과 하와의 타락은 그들만의 문제로 끝나지 않았습니다. 그러므로 타락 이후의 모든 인류는 부모로부터 유전된 죄를 가지고 태어나게 되었습니다. 왜냐하면 죄는 유전되기 때문입니다. 비록 타락한 인간이 여전히 하나님의 형상이긴 하지만, 하나님의 형상은 더 이상 제 역할을 감당할 수 없을 정도로 심각하게 일그러지고 왜곡되었습니다. 마치 바람이 다 빠져버려서 형편없이 일그러진 축구공처럼 말입니다. 몸과 마음과 영혼이 하나같이 죄의 지배 아래 놓이게 되었습니다. 죄의 지배와 죄의 결과물인 죽음으로부터 자유로운 사람은 단 한 사람도 없습니다. 또한 세포 하나에 이르기까지 타락의 영향이 미치지 않은 곳은 없습니다. 심지어 양심조차 타락의 영향을 받아 피사의 탑처럼 이기심이라는 쪽으로 기울어져 있기 때문에, 종종 잘못에 대해 소리치지 못하는 양심의 마비현상도 나타나는 겁니다.

물론 인간의 선을 추구하는 경향이 타락으로 완전히 소멸된 것은 아닙니다. 이것은 인간다움의 일면이요, 사람이 하나님의 형상이라는 증거일 수 있습니다. 그래서 비록 자신이 선하지 않을지라도, 선한 행동을 보면 감동을 받고 선한 사람에게 아낌없이 박수를 보내곤 합니다. 하지만 전적으로 선한 사람이 되고 싶어 하지는 않습니다. 우리는 한편으로는 누군가의 희생적이고 순수한 사랑과 선행에 감격하고 감동하여 눈물까지 흘리지만, 다른 한편으로는 자신의 이기심을 위해서라면 비양심적이고 비도덕적인 행동이라도 서슴지 않고 할 수 있습니다.

이런 모순적인 모습이 단지 일부 악한 사람들에게서만 발견되는 것일까요? 아닙니다. 정도의 차이만 있을 뿐 누구에게나 나타나는 보편적인 현상입니다. 타인의 희생적인 사랑과 선행에 감격해 박수갈채를 보내면서도 정작 자신의 삶에서는 무엇보다 자신의 행복을 먼저 추구하는 이기적인 모습으로 살아갑니다. 이 사실이 모든 인간이 죄인이라는 유력한 증거가 아닐까요? 사실 타락한 인간에게서 발견되는 악의 증상들은 끝없이 다양합니다. 모든 종류의 사회적인 범죄뿐만 아니라, 모든 종류의 자연재해조차 그런 타락의 증상들입니다.

왜 사람이 이처럼 이기적인 동시에 이타적일까요? 성경은 이렇게 설명합니다. 하나님께서 우주 만물을 선하게 창조하셨으므로 그들은 선한 존재였습니다. 창조의 원리와 질서는 이타정신입니다. 하나님께서는 사랑으로 세상 만물을 지으셨고 세상 만물에 이 같은 사랑의 이타정신을 새겨 넣으셨습니다. 즉 우주 만물에 각기 임무를 부여하셨는데, 다른 피조물을 섬기는 방법으로만 그 임무를 감당할 수 있도록 하신 겁니다. 그러므로 타락 전의 모든 피조물은 각기 서로를 섬기는 이타적인 모습으로 자신에게 주어진 임무를 잘 감당했습니다. 사람이 맡은 임무는 다른 피조물을 다스리는 것이었습니다. 이 통치는 하나님 자신의 권리인데 하나님의 형상인 사람에게 위임되었습니다. 그래서 성경은 기록하기를, "하나님이 지으신 그 모든 것을 보시니 보시기에 심히 좋았더라"(창세기 1장 31절)라고 했습니다.

그런데 사람의 타락이 이 모든 것을 망쳤습니다. 만물의 통치권을 위임받은 사람의 배은망덕한 불순종 때문에, 죄와 사망이라는 낯선 지배 원리가 하나님의 선한 통치 원리를 가리는 먹구름처럼 창조 세계 전체를 뒤덮어버렸습니다. 불순종은 사람만 이기적인 죄인으로 변질시킨 것이 아니라, 다른 모든 피조물도 이기심의 원리에 지배받도록 만들었습니다. 이기적인 죄의 침투로 말미암아 만물 속에 새겨진 이타정신은 더 이상 순수한 모습으로 나타날 수 없게 되었습니다. 이러한 타락 사건이 세상에 존재하는 모든 악의 기원을 설명하는 성경의 방식입니다. 모든 고통과 불행과 비극은 우리 모두의 이기적인 죄가 초래한 저주의 열매입니다.

너무 고통스럽고 비참한 삶의 환경을 흔히 '생지옥'이라고 합니다. 선한 것이라고는 전혀 없는 곳, 오직 악한 것만 존재하는 곳, 그곳이 가장 비참한 지옥이 아닐까요? 우리가 사는 세상이 그 정도로 비참하지는 않지만, 이 세상의 삶이 온갖 불행과 재난으로 가득한 생지옥처럼 느껴지는 이유는 무엇일까요? 그것은 세상에 만연한 죄 때문입니다. 지금 우리가 무심코 짓는 죄 하나하나가 모여 불행과 고통과 재난을 부르는 태풍이 되는 겁니다.

### ◈ 토론을 위한 질문 ◈

1) 6일 동안의 하나님의 창조를 첫째 날부터 여섯째 날까지 요약해보세요.

2) 진화론의 단점과 창조론의 장점은 무엇일까요?

3) 기독교의 하나님은 어떤 분이실까요?

4) 인간을 동물 중의 하나로 분류하기 어려운 결정적인 이유는 무엇일까요?

5) 악이란 무엇이며 어떻게 발생하는 걸까요?

제2장

# 구원

## 1) 구원이란 무엇인가요?

성경이 말하는 구원이란 죄와 사망으로부터 벗어나는 것, 즉 영적인 자유와 해방을 의미합니다. 우리는 앞 장에서 죄가 최초의 사람인 아담과 하와의 타락으로 세상에 침투하게 되었다는 사실을 배웠습니다. 하나님께서 아담과 하와에게 선악과를 따먹으면 죽으리라고 경고하셨는데, 사람의 배신 때문에 바로 그 죽음의 저주가 먹구름처럼 우주 만물을 시커멓게 뒤덮고 말았습니다. 죄의 삯은 사망입니다.

첫 인류의 타락으로 사람만 고생과 고통과 죽음을 겪는 것이 아니라, 모든 자연 만물(동물과 식물을 비롯해 우주 만물까지)도 사람과 같은 굴레에 매여 신음하게 되었습니다.

왜냐하면 하나님께서는 친히 창조하신 우주 만물을 사람에게 맡기셔서 그로 하여금 우주 만물의 주인이 되게 하셨기 때문입니다. 주인의 몰락이 그 주인에게 속한 모든 것의 몰락인 것처럼, 사람의 타락은 사람만 사망의 저주를 받게 한 것이 아니라, 그에게 맡겨진 우주 만물까지 멸망의 저주 아래 놓이게 한 겁니다.

그러므로 구원은 단지 사람에게만 필요한 것이 아닙니다. 죄와 사망 아래 신음하고 있는 우주 만물도 그와 같은 자유와 해방을 간절히 기대합니다. "그 바라는 것은 피조물도 썩어짐의 종노릇 한 데서 해방되어 하나님의 자녀들의 영광의 자유에 이르는 것이니라"(로마서 8장 21절) 세상의 온갖 고통과 비참한 불행이 죄에서 비롯된 것이므로, 무엇보다도 먼저 죄 문제를 해결하지 않고서는 구원의 길을 찾을 수 없습니다.

하나님께서 우주 만물을 질서 있게 창조하셨는데 완성된 창조질서가 죄로 손상을 입음으로써, 세상은 그 이전의 상태인 혼돈과 무질서로 회귀하려는 속성을 갖게 되었습니다. 이와 같은 혼돈과 무질서와 파멸을 초래하는 죄라는 문제를 과연 누가 해결할 수 있을까요? 성경에 따르면 모든 사람이 죄인으로 태어납니다. 죄란 마치 적게 먹을 수는 있어도 먹지 않고는 살 수 없는 음식과 같아서, 많이 짓지 않을 수는 있지만 전혀 짓지 않고 살 수는 없는 겁니다. 성경은 나쁜 마음과 나쁜 생각조차도 죄라고 가르치는데, 단 한 번의 나쁜 마음이나 나쁜 생각도 품지 않고 사는 성인군자가 있을까요?

또한 죄가 아무리 가볍고 작다 해도 죄 자체를 없앨 수 있는 능력을 가진 사람은 없습니다. 처음부터 죄라는 문제를 해결할 능력이 사람에게는 없었습니다. 첫 사람이었던 아담과 하와조차도 다만 아직 죄로 물들지 않은 상태만을 유지할 수 있었을 뿐입니다. 그래서 일단 죄를 짓고 나자, 자신의 능력으로는 결코 처음 상태로 다시 돌아갈 수 없는 상태가 되고 말았습니다. 타락 이후 태어난 모든 인류는 아담과 하와의 육체적이고 정신적이고 성격적인 것만이 아니라, 영적인 것까지도 물려받았습니다. 좋은 것만이 아니라 좋지 않은 것까지 모두 물려받은 겁니다. 그 가운데 최악의 유산이 죄입니다. 그러므로 모든 사람은 죄를 가지고 태어납니다. 사람이 태어날 때부터 가지고 있는 죄를 '원죄'라 부르고, 살아가면서 스스로 짓는 죄를 '자범죄'라 부르는데, 모든 자범죄의 기원이 원죄입니다.

아담과 하와의 타락 사건 이후 모든 사람은 죄를 짓지 않는 상태를 상실했기 때문에, 죄를 지을 수밖에 없는 존재, 즉 죄인으로 태어납니다. 어떤 죄인도 자신의 죄로부터 자신조차 해방시킬 수 없으므로, 다른 존재를 그 죄로부터 해방시키는 일은 도저히 불가능합니다.

한편 자연 만물의 구원은 오직 그들을 다스리는 주인인 사람의 구원에 달려있습니다. 그래서 그들의 희망은 오직 사람뿐입니다. 즉 사람이 죄의 문제를 극복하고 구원받을 때 다른 모든 피조물도 함께 회복될 수 있다는 겁니다. 그렇기 때문에 자연 만물은 사람의 구원을 애타게 기다릴 수밖에 없습니다.

타락한 본성을 가지고 태어난 사람은 스스로 하나님의 자리에 앉기를 원합니다. 즉 자기 인생의 주인이 되기를 원합니다. 스스로 주인이 되기를 강하게 고집하는 것, 이것이 가장 큰 악입니다. 그러므로 하나님이 없는 존재가 가장 악한 죄인입니다. 다른 누구의 간섭이나 지배도 싫어하기 때문에 하나님조차 싫어할 수밖에 없습니다. 이런 사람은 하나님 없이도 잘 살 수 있다는 신념에 사로잡혀 있습니다. 그래서 죄로 단절된 하나님과의 관계가 더욱더 소원해질 수밖에 없습니다. 하나님으로부터 멀어질수록 죄와 가까워지고, 반대로 죄와 가까워질 수록 하나님과는 멀어지는데, 이것이 영적인 법칙입니다.

하나님의 형상인 인간에게 죽음은 하나님과의 관계가 단절된 결과입니다. 하나님께서는 영원한 생명이시고 모든 생명의 근원이십니다. 첫 인류의 죄는 하나님과 연결되어 있던 사람의 생명줄을 끊어버렸습니다. 그래서 죽을 수밖에 없는 존재가 된 겁니다. 하나님과의 관계의 단절은 곧 죽음을 의미합니다. 아담과 하와는 죄를 짓자마자 자신들이 벌거벗은 줄 알고 부끄러워서 하나님을 피해 숨었습니다. 죄를 짓기 전에는 하나님 앞에서 부끄러워할 이유도, 숨을 필요도 없었습니다. 하나님의 명령을 어겼다는 사실을 깨달았기 때문에 양심이 부끄러움을 느낀 겁니다. 아담과 하와처럼 우리 역시 죄를 지을 때에 양심이 부끄러워하는데, 이 양심의 부끄러움은 죄를 지은 것이 부끄러워 감히 의로우신 하나님 앞에 설 수 없다는 증거입니다.

아담과 하와가 타락한 후 에덴동산에서 쫓겨나기 전에 하나님께서는 그들에게 구원의 길을 알려주셨는데, 그 길이 '여자의 후손'(창세기 3장 14절)이었습니다. 이 후손의 계보가 셋으로부터 시작하여 노아와 아브라함과 이삭과 야곱과 유다와 다윗을 거쳐 예수님께로 이른 겁니다. 하나님께서 약속하신 여자의 후손, 즉 하나님께서 계획하신 구원의 길은 마리아에게서 태어나신 예수님이십니다. 하나님께서 계획하신 구원의 유일한 길은 십자가의 길뿐입니다. 십자가의 길을 십자가의 '도'(道)라고 부르는데, 이것은 십자가의 말씀, 즉 십자가에 달리신 예수님을 의미합니다.

이러한 구원의 길은 하나님께서 먼저 보여주셔야 볼 수 있습니다. 이것을 하나님의 계시라고 합니다. 계시란 숨겨진 것을 나타내 보여준다는 뜻입니다. 하나님께서는 친히 구원이 무엇이며 어떻게 구원을 받을 수 있는지 알려주시는데, 이것이 구원의 계시입니다. 구원을 위한 하나님의 계시는 문자가 만들어지기 전에는 입에서 입으로 전하는 구전의 형태로만 주어졌으나, 문자가 만들어진 후에는 구전과 문자의 두 형태로 주어지다가, 지금의 성경이 완성된 후로는 구전이든 문자든 더 이상 구원의 계시는 중단되었다고 보는 것이 종교개혁자들의 견해입니다. 구약 39권과 신약 27권으로 완성된 성경은 하나님의 최종적인 구원계시입니다.

구원계시인 성경을 열심히 탐구한다거나 선행을 많이 한다고 구원을 얻을 수 있는 것은 아닙니다. 구원은 하나님의 선물입니다. 하나님의 은혜 없이는 받을 수 없고, 오직 믿음으로만 받을 수 있습니다. 성경에 대한 깨달음도, 진정한 회개도, 살아 있는 믿음도 성령의 감동과 역사 없이는 결코 일어나지 않습니다. 구원은 오직 성령 하나님의 선물이기 때문입니다. 좁은 의미에서 구원은 죄인이 예수님의 공로 덕분에 죄와 사망의 권세에서 벗어나 영생을 얻고 예수님과 함께 영원토록 교제하는 겁니다. 넓은 의미에서 그것은 죄로 단절된 모든 관계가 예수님 안에서 회복되는 겁니다. 예수님 안에서 하나님과 사람의 관계, 사람과 사람의 관계, 사람과 자연의 관계가 모두 회복될 때, 비로소 완전한 구원이 이루어집니다. 이 우주적인 구원은 예수님께서 다시 오실 때에야 비로소 이루어질 사건입니다.

이런 점에서 구원은 단순히 예수님 믿고 천국 가는 것만을 의미하지 않습니다. 그리고 구원은 죽음 이후에야 비로소 얻거나 누리게 되는 것도 아닙니다. 오히려 구원을 얻고 누리는 것은 이미 이 땅에서부터 시작되는 겁니다. 지금 여기서 이루어지는 현재의 구원이 없이는 장차 누리게 될 미래의 완전한 구원도 없습니다. 그러므로 모든 그리스도인은 자신이 사는 날 동안 이 땅에서 빛과 소금의 역할을 잘 감당해야 합니다. 하나님의 나라와 의를 이루기 위해 고군분투하지 않는 인생은 결코 영원한 생명을 맛볼 수도, 누릴 수도 없습니다.

## 2) 성경이 구원의 계시라는 말은 무슨 뜻인가요?

성경(혹은 성서)은 흔히 기독교의 경전으로 알려져 있습니다. 모든 종교는 종교가 생긴 다음에 경전이 만들어졌습니다. 하지만 기독교는 기독교가 생기기 훨씬 전인 약 1,400년 전부터 기독교 경전의 삼분의 이 이상이 완성되어 있었습니다. 또한 기독교의 창시자이신 예수님께서 직접 기록하신 책이나 그분께서 불러주셔서 받아쓰기한 책은 단 한 권도 없습니다. 예수님의 제자가 열두 명이었는데, 예수님을 판 가룟 사람 유다를 제외한 열한 명 가운데 성경 속에 기록물을 남긴 사람은 겨우 세네 명 정도뿐입니다. 이것은 분명 성경이 기독교라는 종교에서 유래한 것이 아니라, 오히려 성경으로부터 기독교가 유래했다는 강력한 증거입니다. 이런 점에서 성경은 이슬람의 경전인 코란과 전혀 다른 경전입니다.

성경의 첫 번째 책인 창세기에서 마지막 책인 요한계시록까지 기록된 기간이 무려 약 1,500년이나 됩니다. 이렇게 오랜 세월에 걸쳐 기록되고 완성된 책은 세상에서 성경이 유일합니다. 이슬람의 경전인 코란, 힌두교의 경전인 바가바드기타, 불교의 여러 경전들, 유교의 공자나 맹자나 순자의 책들도 그 기록 역사는 매우 짧습니다. 약 200년 전에 유명한 프랑스 계몽주의 작가 볼테르(Voltaire, 1694~1774년)는 미래에는 성경이 없어질 것이라고 예언했습니다. 하지만 그가 살던 집은 지금 대규모 성경공회 사무실 중 하나로 사용되고 있습니다. 성경이 사라지기는커녕 아직도 볼테르보다 훨씬 유명합니다.

성경은 오랜 세월에 걸쳐서 기록되었고, 기록한 사람들도 수십 명에 달하며, 성경을 구성하는 책들의 장르도 아주 다양합니다. 그렇게 오랜 세월 동안 여러 사람들에 의해 기록된 다양한 책들이 어떻게 한 권의 성경으로 통합될 수 있었을까요? 그리고 이런 통합의 근거, 즉 성경의 통일성은 무엇일까요?

성경의 통일성은 그것이 하나님의 계시라는 점에서 찾을 수 있습니다. 성경은 우리 자신이 누구인지, 인간과 세상은 어디서부터 온 것인지 친절하게 알려줍니다. 그리고 이 계시는 직·간접적으로 예수님 한 분에게 초점이 맞추어져 있습니다. 즉 다양한 책들을 한 권의 성경으로 묶을 수 있었던 결정적인 통일성의 근거는 바로 세상을 구원하러 오신 구원자 예수님께 있습니다.

성경은 66권의 책을 하나로 묶은 것으로, 크게 구약(Old Testament, '옛 약속' 39권)과 신약(New Testament, '새 약속' 27권)으로 나누어져 있습니다. 예수님께서 오시기 전에 기록된 성경을 구약이라 부르고, 예수님 이후에 기록된 성경을 신약이라 부릅니다. 구약은 창조 이후의 어느 시점에 예수님께서 오셔서 이루실 하나님의 구원에 관한 약속이고, 신약은 이러한 구원 약속이 예수님의 초림을 통해 성취된 것과 재림을 통해 성취될 것을 기록한 새 약속입니다.

성경은 세상의 시작인 창조로부터 세상의 마지막인 종말에 이르기까지 인류의 역사 전체를 다룬 구원 언약의 책입니다. 구약과 신약 성경에는 창조 이후 사도시대까지의 구원 역사 동안 하나님께서 어떻게 구원을 약속하시고 이루시는지가 기록되었습니다. 성경이 구원에 관한 하나님의 계획과 약속, 그리고 성취를 기록한 책이기 때문에, 성경을 구원 계시의 책, 즉 '하나님의 말씀'이라 부릅니다. 즉 성경은 구원에 이르는 지도와 나침반이요, 유일한 안내서입니다. 그러므로 성경을 모르면 구원도 알 수 없습니다.

성경을 구원에 관한 하나님의 계시라고 말하는 것은 하나님께서 구원을 위해 필요한 모든 것을 사람에게 스스로 알려주신다는 뜻입니다. 하나님께서 자신이 어떤 분이신지, 인류와 세상을 위해 어떤 목적을 가지고 계신지, 우주만물이 어떻게 존재하게 되었는지 알려주시지 않으신다면, 설령 우리가 그것을 어느 정도 짐작할 수는 있다 하더라도 결코 정확하지 않을 뿐더러, 오히려 아무것도 알 수 없을 가능성이 매우 높습니다. 그래서 하나님께서 자신의 백성에게 자신이 누구신지, 인류와 세상은 어디서부터 유래한 것인지 말씀해주시기로 작정하시고 실행에 옮기신 결과가 성경입니다.

성경은 기독교 신앙이 성장하는 근거입니다. 왜냐하면 성경 없이는 하나님께서 어떤 분이시며 예수님께서 어떤 분이신지 알 길이 없기 때문입니다. 기독교 신앙은 예수님을 믿는 것이고, 이 예수님을 통해 하나님을 만나는 것입니다. 그런데 성경을 통하지 않고 하나님과 예수님을 만나는 일은 불가능하기 때문에, 기독교 신앙은 성경의 내용을 하나님의 말씀으로 믿는 것에서부터 시작된다고 할 수 있습니다. 믿음은 하나님의 말씀을 들을 때 비로소 생겨나는 겁니다. 그래서 '하나님의 말씀을 들음에서 나오는 믿음'(*fides ex auditu verbi Dei*)이라고 부르는 겁니다.

그러므로 구원받는 믿음이 생기려면 반드시 하나님의 말씀을 듣는 일이 선행되어야 합니다. 말씀을 듣지 않고 믿을 수는 없기 때문입니다. 그런데 하나님의 음성을 들을 수 있는 귀를 가진 자만이 하나님의 말씀을 깨달을 수 있습니다.

들을 귀가 없다면 하나님의 말씀은 '쇠귀에 경 읽기'나 마찬가지입니다. 사실상 하나님의 말씀을 들을 수 있는 귀란 다름 아닌 믿음입니다. 믿음 없이는 성경을 통해 하나님의 음성을 들을 수 없습니다. 믿음이라는 보청기 없이 죄로 어두워진 귀로는 하나님의 말씀을 전혀 들을 수 없는 신기한 책이 성경입니다. 그렇다고 하나님의 음성이 무슨 심령술사처럼 특별한 사람의 귀에만 들리는 음성이나, 환청과 환각같은 비정상적인 상태에서 들리는 종교적인 신비현상을 의미하는 것은 아닙니다.

하나님의 음성은 지극히 평범한 사람도 들을 수 있는 일종의 마음의 소리와 같습니다. 성경의 가르침을 깨닫는 마음의 소리입니다. 이것을 '성령님의 음성'이라고도 합니다. 물론 이 성령님의 음성은 아주 가끔 특별한 상황에서는 마치 사람의 소리와 유사한 음성, 즉 마음이 아닌 귀로도 들을 수 있습니다. 하지만 이런 일은 일반적인 현상이 아닙니다. 그보다 성경에서 듣는 성령님의 음성이란 믿음이라는 스피커, 혹은 이어폰만 준비되어 있다면 일상생활 속에서 얼마든지 들을 수 있습니다. 라디오나 TV나 컴퓨터에서 소리 신호를 보내도 스피커나 이어폰과 같은 장치가 없다면 아무 소리도 들을 수 없습니다. 마찬가지로 믿음 없이는 성경에서 나오는 어떤 하나님의 음성도 결코 들을 수 없습니다.

기독교의 성경은 외견상 사람들의 일반적인 기록물과 별다르지 않은 방식으로 기록되어 책으로 만들어졌습니다. 내용도 대부분 사람의 삶과 역사, 그리고 교훈을 담고 있습니다. 그러므로 성경은 사람이 만든 책입니다. 하지만 우리는 그것을 하나님의 말씀, 즉 신적인 책이라고 말합니다. 왜냐하면 성경의 형식은 다른 기록물들과 별로 달라 보이지 않더라도, 특별하게 하나님께서 그 안에 구원의 길을 제시해 놓으신 계시의 책이기 때문입니다. 하나님께서는 그분의 구원을 계시하시기 위해 사람으로 하여금 성령에 감동되어 성경을 기록하도록 하셨습니다. 그래서 성경을 '성령의 책'이라 부르는 겁니다.

성경은 인간의 언어로 기록된 하나님의 말씀입니다. 인간의 언어로 기록되었기 때문에 누구나 이해할 수 있습니다. 하지만 아무리 똑똑한 사람이라 할지라도 성경을 처음부터 끝까지 명쾌하게 이해하는 것은 불가능합니다. 왜냐하면 성경은 성령 하나님께서 감동으로 기록하신 하나님의 말씀이요, 구원 계시의 책이기 때문입니다. 성경은 사람의 손으로 기록된 것이지만 동시에 성령의 감동으로 기록된 구원의 안내서이므로, 성령의 조명 없이는 그 내용을 제대로 이해할 수 없습니다.

또한 성경에는 과거의 역사뿐만 아니라 미래에 일어날 일도 기록되어 있는데, 그 내용의 대부분이 상징적인 언어로 기록되어 있기 때문에 정확하게 그 내용을 파악하기란 쉽지 않습니다. 그렇기 때문에 성경을 읽을 때 먼저 우리의 우둔한 지혜가 아닌 깨닫게 하시는 성령님의 지혜를 달라고 기도해야 합니다. 또한 본문의 내용을 주의 깊고 신중하게 해석하고 적용해야 합니다.

### 3) 구원받을 사람이 미리 정해져 있다는 것은 사실인가요?

하나님께서 구원받을 백성을 자신의 자녀로 미리 선택하셨다는 말을 들으면 왠지 불편하고 불공평하다는 생각이 듭니다. 하지만 구원받을 사람이 미리 정해져 있다는 것은 사실입니다. 이런 주장을 '선택론' 혹은 '예정론'이라 부르는데, 다음과 같은 성경 말씀에서 그 근거를 찾을 수 있습니다. "창세 전에 그리스도 안에서 우리를 택하사 …… 그 기쁘신 뜻대로 우리를 예정하사 예수 그리스도로 말미암아 자기의 아들들이 되게 하셨으니"(에베소서 1장 4, 5절) 이처럼 하나님께서 구원받을 사람을 '창세 전에 그리스도 안에서' 선택하시고 자신의 '기쁘신 뜻'에 따라 예정하셨다는 선택론, 즉 예정론은 성경의 명백한 가르침입니다.

그런데 이상하게도 구원받을 사람이 미리 정해져 있다는 것을 불공평하고 부당하게 생각하는 사람들이 많습니다. 왜 그럴까요? 구원의 대상인 사람이 아무것도 하지 않았는데도 이미 어떤 사람은 구원받기로, 어떤 사람은 버림받기로 정해져 있다면, 이것이야말로 불공정한 처사가 아니냐는 겁니다.

그러나 여기서 불공정한 처사란, 사람이 자신의 인식 능력과 논리의 한계 속에서 내린 결론입니다. 하나님의 예정을 불공정한 처사로 판단하는 사람은 하나님의 인식 능력과 인간의 인식 능력, 하나님의 논리와 인간의 논리 사이에 존재하는 엄청난 질적 차이를 인정하지 않는 겁니다. 한마디로 하나님께서 그분 뜻대로 하실 수 있는 권리를 가지고 계시다는 사실을 인정하지 않는 겁니다. 그래서 그런 사람은 예정론을 '운명론'과 같은 것으로 착각합니다.

하지만 예정론과 운명론은 다른 겁니다. 운명론은 세상 만물이 처할 결과는 이미 그렇게 되기로 정해져 있어서 바꿀 수 없는 절대적인 것이라고 보는 데 반해, 예정론은 하나님의 분명한 뜻에 따라 결과가 결정된다고 봅니다. 운명론은 세상을 한 치의 오차도 없이 저절로 움직이는 초강력 자동화 시스템으로 보지만, 예정론은 세상을 하나님의 섭리 없이는 결코 실현되지 않는 것으로 봅니다. 하나님께서는 전지전능하신 창조주이시며, 모든 곳의 모든 것을 다스리시는 섭리자이십니다.

이런 하나님의 예정과 섭리는 모든 피조물을 아무런 자기결정권도 없는 로봇처럼 운명대로 살아가도록 만들지 않습니다. 하나님께서는 세상을 자동화 시스템처럼, 사람을 로봇처럼 만들지 않으셨기 때문입니다. 창조주께서는 섭리를 통해 자신의 피조물과 소통하기를 원하십니다. 특별히 그분 자신의 형상대로 지으신 사람과는 인격적으로 교제하기를 원하십니다. 이것이 예정론과 운명론의 결정적인 차이입니다.

창조주 하나님의 섭리와 구속주 하나님의 예정은 신적 능력의 아주 작은 일부에 불과합니다. 하지만 그것은 아무리 작아도 우리의 이성으로는 온전히 이해할 수 없는 엄청난 능력입니다. 마치 전지전능하신 하나님의 구원 방식이 왜 십자가인지 도무지 이해할 수 없는 것같이 말입니다. 구원은 신비입니다. 왜냐하면 구원은 전적으로 하나님의 손에 달려 있기 때문입니다. 우리에게는 이 구원의 신비를 온전히 파악할 수 있는 능력이 없습니다.

구원의 문제를 최대한 우리의 눈높이에 맞추어 설명하는 설명서가 있는데, 그것이 성경입니다. 설명서는 기능과 사용 방법을 설명하는 것이지 제품의 재질과 원료 및 부품이나 제조과정까지 세세하게 설명하지는 않기 때문에, 그것만으로는 제품과 관련된 모든 것을 전부 파악할 수 없습니다. 혹 그런 설명서가 있다 해도, 물건을 고안하고 만든 제작자가 아니고서는 그 내용을 전부 이해할 수 없습니다. 우리는 구원의 제작자가 아니라 사용자이므로, 필연적으로 사용자의 한계 밖에 있는 것을 알 수는 없습니다.

이런 한계 때문에 우리는 하나님께서 구원받을 사람을 정해놓으셨다는 사실을 두고 불평하는 겁니다. 만일 하나님께서 구원을 예정해놓지 않으셨다고 가정해봅시다. 그렇다면 우리는 예수님께서 재림하셔서 최종적으로 구원해주시기까지 살아가는 내내 구원받지 못했으면 어떡하지 하고 두려워하며 살다가, 구원받는 순간에야 비로소 누가 구원받은 자인지 알게 될 겁니다. 따라서 이렇게 생각하면 예정은 예수님의 재림 전까지 불신앙의 세상에서 살아야 하는 신앙인들에게는 불평의 이유가 아니라 소망과 감사의 이유가 됩니다.

한편으로 많은 사람들이, 그렇게 예정되어있다면 신자가 삶에서 거룩하게 살기 위해 하는 노력은 아무 의미가 없는 것이 아니냐고 항의합니다. 예수님을 믿든 믿지 않든, 신자답게 살든 살지 않든 이미 구원이 예정되어 있으니 상관이 없고, 더더욱 누가 예정되었는지 모르는 우리가 사람들에게 전도를 하는 것도 의미가 없는 일이 되지 않겠느냐는 겁니다.

이 질문에 대해 네덜란드 신학자 아르미니우스(Arminius)는 하나님께서 어떤 사람을 구원받을 자로 선택하시고 예정하시는 데 조건이 있다고 대답합니다. 하나님께서는 구원으로의 초청에 자발적인 의지를 가지고 믿음으로 응답하는 사람만을 구원하시며, 그 사람이 그렇게 할 줄을 하나님께서 미리 아시기 때문에 선택하셨다는 겁니다. 이것이 '예지예정론'입니다. 믿을 줄을 미리 아신 것, 즉 예지가 예정의 근거라는 겁니다. 이 주장은 믿는 사람만이 구원받는다는 성경의 말씀에 꼭 부합하는 설명처럼 보입니다.

하지만 이러한 생각은 구원을 합리적으로 이해하고 설명하기 위해, 하나님께서 구원하시는 능력의 신비로움을 과소평가하고 축소해버린 겁니다. 구원받는 믿음을 얻으려면 인간의 의지와 선택만 중요하고, 하나님의 의지와 선택은 아무런 역할도 하지 않는 걸까요? 사실 구원은 하나님의 의지로부터 시작되는 겁니다. 누군가가 예수님을 믿게 되는 일

또한 하나님께서 그를 선택하시고 그를 믿음으로 인도하기로 뜻하셨기 때문입니다. 하나님께서 택하시고 인도하시지 않는다면, 어느 누구도 예수님께서 주님이시라고 시인하고 고백할 수가 없습니다.

또한 구원이 하나님의 의지와 결정에 따라 이루어지는 것이 사실이라면, 구원은 이중예정론으로 귀결되지 않을 수 없습니다. 사실 사랑은 선택적이고 차별적인 속성이 있습니다. 선택적이거나 차별적이지 않다면, 그것은 사랑이 아닐지도 모릅니다. 창조주 하나님께서는 세상 만물을 만드셨고 그것을 사랑하십니다. 자신의 형상대로 지으신 인간을 다른 피조물보다 더 사랑하십니다. 그런데 하나님께서 친히 만드신 모든 피조물을 동등하게 사랑해야만 공평한 것일까요? 그래서 하나님께서 자기 백성과 자녀를 선택하시고 그들에게 더 큰 사랑을 베푸시는 것이 잘못이고 불공평한 것일까요?

아닙니다. 왜냐하면 부모가 자녀를 특별한 사랑으로 대하는 것이나 한 나라의 왕이나 대통령이 자기나라 백성을 더 사랑하는 것은 결코 차별이거나 불공정한 것이 아니라 오히려 당연지사이기 때문입니다. 하나님의 사랑도 이와 같습니다. 구원의 예정은 하나님을 거역하고 멸망으로 달려가는 온 인류를 향해 하나님의 사랑이 작용한 겁니다. 부모가 낳은 자녀 혹은 키운 자녀에 대한 사랑이 각별한 것처럼, 하나님께서도 자신의 백성과 자녀를 다른 어떤 피조물보다 더 사랑하십니다. 그들을 자녀로 미리 택하시고 그들에게만 특별한 사랑을 쏟아부으시는 겁니다.

하나님의 선택적인 작정과 예정이 정말 불공정한 것일까요? 자기 자녀와 백성에게 차별적이고 선택적인 사랑을 베푸셔서 그들만 구원하시겠다는 하나님께서 이상한 분이실까요? 아닙니다. 하나님의 사랑은 차별적이고 선택적이지만, 정당하고 당연한 겁니다. 이런 차별적이고 선택적인 사랑도 하나님께서 인간의 눈높이에 맞추어 설명하시는 것이 하나님의 구원 방식입니다. 선택이란 차별을 전제한 개념입니다. 그러므로 모든 것을 선택한다는 말은 성립될 수 없습니다. 무엇인가를 선택한다는 것은 다른 무엇인가를 포기한다는 의미입니다. 이 원리로 예정론을 설명하는 것이 이중예정론입니다.

구원뿐만 아니라 세상만사 가운데 어느 것도 하나님의 섭리에서 벗어나지 못합니다. 즉 하나님의 뜻과 무관한 존재와 사건은 없습니다. 왜냐하면 예수님께서 공중의 새 한 마리도 하나님의 허락 없이는 결코 살아갈 수 없다고 말씀하셨기 때문입니다. 이것이 하나님의 주권적인 섭리입니다.

하지만 이런 창조주의 섭리는 피조물들을 강제하거나 속박하지는 않습니다. 그래서 하나님의 섭리가 작동하는 이 세상 속에서도 우리가 원하는 것을 얼마든지 자유롭게 선택하며 살아갈 수 있는 겁니다. 하나님의 질서라는 큰 틀 속에서 세상의 온갖 무질서가 발생하듯이, 하나님의 뜻이라는 큰 틀 속에서 모든 자연 만물은 각자 마음껏 자유를 누릴 수 있습니다. 이것은 참으로 경이로운 사실입니다. 그래서 성경은 이것을 신비라고 표현합니다. 이 신비 가운데 가장 신비로운 것이 하나님의 구원입니다.

신비로운 자연의 이치도 온전히 이해하거나 설명할 수 없는 인간이 가장 신비로운 하나님의 구원을 온전히 이해하고 설명하려는 것은 만용이요, 당랑거철(자기 분수도 모르고 무모하게 덤빈다는 뜻)입니다. 지금 우리가 우주 만물에 하나님의 예정과 섭리가 작동한다고 해서 우리의 의지와 선택에 반하는 신적인 강요와 강제에 시달리며 억지스럽게 살아가고 있나요? 결코 그렇지 않습니다. 우리는 자유롭게 살아갑니다. 예정과 섭리의 하나님께서는 강요와 강제의 하나님이 아니십니다. 하나님께서는 사랑이십니다. 이 사랑은 강요를 동반하지 않고, 감동을 동반합니다. 가장 심오한 감동과 감격을 불러일으킵니다. 이 감동이 하나님의 사랑을 흔

쾌히, 자발적으로, 기꺼이 수용하도록 만드는 알 수 없는 힘입니다. 이것이 바로 신비로운 구원입니다.

### 4) 예수님께서는 어떤 분이신가요?

예수님께서는 우리처럼 이 세상에서 태어나셨습니다. 우리가 사는 역사를 기원전(BC)과 기원후(AD)로 구분하고 종교개혁의 해를 기원후 1517년이라고 하는데, 이와 같은 역사 구분의 중심이 예수님의 탄생입니다. 종교개혁 500주년인 2017년은 예수님께서 태어나신 지 2017년이 되는 해라는 뜻입니다. 즉 기원전을 의미하는 BC는 예수님의 탄생 전을 의미하는 영어(Before Christ)의 약자이고, 기원후를 의미하는 AD는 '예수님의 탄생 이후'를 의미하는 라틴어(*Anno Domini*, '주님의 해로부터')의 약자입니다. 예수님께서는 역사의 중심이십니다.

마태복음 16장 13절부터 20절까지를 보면, 예수님께서 제자들을 불러놓고 질문을 하십니다. "너희는 나를 누구라 하느냐?" 그때 수제자 베드로가 대답합니다. "주님께서는 그리스도시며, 살아계신 하나님의 아들이십니다." 예수님께서는 이 대답을 듣고 베드로를 칭찬하시고 인정해주셨습니다. 이 고백에서 알 수 있는 것처럼, 예수님께서는 '그리스도'이시면서 동시에 '하나님의 아들'이십니다. '그리스도'는 '기름부음 받은 자'라는 뜻의 그리스어 크리스토스 (Christos)의 우리말 표현이고, 유대인들의 언어인 히브리어로는 '메시아'입니다.

구약시대에 이스라엘 백성을 위해서 기름을 부어 세우는 직분은 왕, 제사장, 선지자라는 세 직분이었습니다. 예수님께서는 '메시아'를 의미하는 그리스도, 즉 기름부음을 받은 분이십니다. 그러므로 우리를 죄에서 구원하시기 위해 오신 예수 그리스도께서는 왕이시고, 제사장이시며, 선지자이십니다. 예수님께서는 이 땅에 만왕의 왕으로 오셨고, 자기 백성을 죄에서 구원하실 대제사장으로 오셨으며, 하나님의 나라를 가르치실 선지자로 오셨습니다. 한마디로 예수님께서는 '예수'라는 이름이 의미하는 것처럼, 하나님의 백성을 '그들의 죄에서 구원하실' 중보자로 이 땅에 오신 겁니다.

하지만 예수님께서 이 땅에 오신 목적은 그들을 죄로 가득한 이 세상에서 건져내어 하나님의 나라로 들여보내는 것뿐만 아니라, 첫 인류의 범죄로 단절된 모든 관계를 회복하여 결국에는 이 세상을 하나님의 나라로 만드는 겁니다. 이 구원의 사역을 위해 '하나님의 아들'께서 사람이 되셨습니다. 하나님의 아들이란 아버지와 같이 하나님이시라는 뜻입니다. 즉 하나님께서 사람이 되신 겁니다. 그러므로 중보자 예수 그리스도께서는 사람이시면서 동시에 하나님이십니다.

"어떻게 유한한 사람이면서 무한하신 하나님이실 수 있는가?" 이 문제가 초기 기독교의 가장 큰 논쟁거리였습니다. 이성적으로는 유한과 무한이 동시에 존재할 수 없습니다. 하지만 하나님의 능력으로는 가능하지 않을까요? 그리고 '참으로 사람'이시면서 '참으로 하나님'이신 그런 존재가 아니면, 누구도 죄라는 문제를 해결할 수 없습니다. 즉 예수님께서 사람이시면서 동시에 하나님이셔야 하는 이유는, 그것이 죄와 사망의 문제를 해결할 중보자의 필요충분조건이기 때문입니다.

세상의 어떤 종교도 참 사람이면서 동시에 참 하나님이신 분을 가르치지는 않습니다. 예수님을 섬기는 종교, 즉 기독교만이 참 사람이시면서 동시에 참 하나님이신 예수 그리스도를 가르칩니다. 오늘날 통일교의 문선명처럼 많은 사이비 교주가 스스로 신이라고 주장하는 모든 기독교 이단은 기독교의 일그러진 모방입니다. 성경은 인간이 되신 하나님, 즉 예수 그리스도께서 대제사장이신 동시에 제물이 되셨다고 가르칩니다. 하나님께서는 자기 백성을 구원하시려고 자신의 하나뿐인 아들을 세상에 보내셔서 사람이 되게 하셨습니다. 하나님의 아들께서는 아무런 불만 없이 사람으로 이 땅에 오셨습니다. 그분께서 세상의 구원자 예수 그리스도이십니다. 이것이 기독교 역사의 기원입니다.

하나님께서는 인간의 머리로는 이해하기 어려운 방법으로 세상을 구원하셨습니다. 그것은 자신의 아들을 사람이 되게 하시고, 고난받게 하여 결국 십자가의 형틀에 죽게 하시는 방법입니다. 하나님께서는 말씀으로 세상을 창조하신 것처럼 말씀으로 세상을 구원하시기로 작정하셨는데, 그 말씀이 바로 예수 그리스도이십니다. "태초에 말씀이 계시니라. 이 말씀이 하나님과 함께 계셨으니 이 말씀은 곧 하나님이시니라"(요한복음 1장 1절) 하나님께서는 세상을 구원하기 위해 하나뿐인 아들을 보내실 정도로 세상을 사랑하셨습니다.

하나님의 아들 예수님께서는 죄로 뒤덮인 세상, 사망으로 신음하는 세상을 구원하기 위해 십자가를 지셨습니다. 십자가는 당대 최고의 형벌이요, 가장 비참한 형벌이었습니다. 당시 사람들은 십자가를 지신 예수님을 향해, "네가 하나님의 아들이라면 거기서 내려와 보라!"라고 외쳤습니다. 그들은 예수님께서 정말 하나님의 아들이시라면 뭔가 대단

제2장 구원

한 일이 일어나리라 기대했지만, 그런 일은 결코 일어나지 않았습니다. 예수님께서는 능력이 없어 십자가에서 내려올 수 없으셨던 것이 아니라, 스스로 내려오지 않으셨습니다. 왜냐하면 그분께서는 '세상 죄를 지고 가는 하나님의 어린양'으로 이 땅에 오셨기 때문입니다. 즉 예수님께서 이 땅에 오신 목적이 십자가를 지는 것이었기 때문입니다. 십자가의 죽음은 복음의 핵심입니다.

예수님께서 십자가에서 내려오지 않으시자 구경꾼들은 조롱과 비난을 쏟아냈습니다. 지금 우리 시대에도 십자가 주변의 구경꾼들이 그분의 십자가를 향해 그와 같이 조롱하고 비웃고 있습니다. 누구든지 그분을 하나님의 아들로 믿는 믿음 없이는, 또한 그분을 의로우신 하나님과 불의한 죄인 사이의 중보자로 믿는 믿음 없이는, 십자가의 구경꾼일 수밖에 없습니다. 구경꾼들에게는 예수님의 십자가 죽음이 그들 자신과 아무런 상관이 없고 이해할 수 없는 사건일 뿐입니다. 그래서 십자가의 도, 즉 십자가의 말씀이신 예수님께서는 당대의 유대인들에게는 거리끼는 것이었고, 그리스 사람들과 로마 사람들에게는 미련하고 어리석은 것이었습니다.

십자가의 죽음을 육적으로 보자면 예수 그리스도께서 아무런 능력도 발휘하지 못한 채 맥없이 죽어버린 실패한 사건인 것처럼 보이지만, 영적으로 보면 하나님의 아들께서 사탄의 머리를 부수어버린 승리의 사건이었습니다. 예수님의 승리는 삼 일 후에 부활을 통해 명백하게 밝혀졌습니다. 예수님께서는 죽으시고 부활하심으로써 첫 인류 아담의 죄로 발생한 모든 종류의 사망, 파멸, 고통, 고난을 극복하셨습니다. 죽으심으로써 죄의 문제를 해결하시고, 부활하심으로써 죄가 낳은 세상의 모든 불행과 재난을 극복하는 길을 만드셨습니다.

예수님께서는 부활하신 후 제자들을 찾으시고 다시 불러 모으셨습니다. 그리고 죽으시기 전에 그들에게 가르치셨던 하나님의 나라가 바로 십자가의 죽음과 부활로 죄와 죽음을 이기는 승리의 왕국이라는 사실을 힘차게 가르치셨습니다. 제자들은 자신들의 왕이 힘없이 잡혀 십자가에 못박힐 때 실망하고 뿔뿔이 흩어졌었지만, 이제는 예수님께서 그동안 그들에게 가르치신 하나님의 나라가 부활의 왕국임을 깨달았습니다. 그래서 죽음이 두려워 도망쳤던 이전의 비겁한 겁쟁이에서, 사망의 권세를 깨고 부활하신 예수님을 담대하게 전하는 부활의 증인으로 거듭날 수 있었습니다. '죽어도 산다!'는 부활의 믿음이 가장 중요한 기독교 교리입니다.

하나님의 나라는 회복의 나라, 부활의 나라입니다. 인생의 모든 문제가 해결되는 나라가 하나님의 나라입니다. 그래서 예수님께서는 공생애 3년 동안 갖가지 인생문제로 괴로움을 겪는 수많은 사람들의 문제를 해결해주셨던 겁니다. 굶주린 자에게 양식을 주시고, 병자를 고치시며, 앉은뱅이를 걷게 하시고, 눈먼 자를 보게 하셨을 뿐만 아니라, 심지어 죽은 자를 살아나게 하셨습니다. 그 무엇보다도 모든 불행의 원인인 죄라는 문제를 해결해주셨습니다. "너희의 죄가 사해졌느니라." 하나님 나라는 용서의 나라, 용서받은 자가 들어갈 수 있는 나라입니다. 그런데 이런 용서는 회개 외에는 받을 길이 없기 때문에, '회개하라!'라고 가르치셨습니다.

### 5) 믿음으로 구원받는다는 말은 무슨 뜻인가요?

'오직 믿음으로'(*sola fide*)라는 구호는 16세기 이후 '이신칭의' 교리로 잘 알려져 있습니다. 루터가 가르친 이신칭의 교리의 핵심은 오직 믿음으로만 의롭게 되고 구원을 받는다는 겁니다. 이 교리를 뒷받침하는 핵심 성경구절은 이렇습니다.

> 오직 의인은 믿음으로 말미암아 살리라(로마서 1장 9절) 사람이 의롭게 되는 것은 율법의 행위로 말미암음이

> 아니요 오직 예수 그리스도를 믿음으로 말미암는 줄 알
> 므로 우리도 그리스도 예수를 믿나니 이는 우리가 율법
> 의 행위로써가 아니고 그리스도를 믿음으로써 의롭다 함
> 을 얻으려 함이라 율법의 행위로써는 의롭다 함을 얻을
> 육체가 없느니라(갈라디아서 2장 16절)

'오직 믿음'의 핵심은 예수님의 공로만이 인간을 구원하는 데 유일하고 충분하게 가치가 있다고 인정하는 겁니다. 하나님께서 의로우신 예수님의 공로 외에는 다른 어떤 전제 조건 없이도 죄인인 우리를 의롭게 만드십니다. 즉 구원이란 오직 하나님의 사랑과 은혜의 결과이지, 인간의 어떤 선행을 조건으로 삼지 않는다는 뜻입니다. "너희가 그 은혜를 인하여 믿음으로 말미암아 구원을 얻었나니 이것이 너희에게서 난 것이 아니요, 하나님의 선물이라"(에베소서 2장 8절) 이 말씀이 이신칭의 교리의 핵심 내용입니다. 믿어서 의롭게 되는 구원은 하나님의 은혜요, 선물입니다. 따라서 구원을 위한 자랑거리는 십자가 외에 아무것도 없습니다. 그런데 오늘날 믿음으로 구원받는다는 가르침을 오해하는 사람들이 많습니다.

첫 번째 오해는 '오직 믿음'의 교리가 사람이 선을 행

해야 하는 중요성을 배제한다는 주장입니다. 이런 오해는 신약 신학자들, 특히 새관점 학파로 알려진 샌더스(E. P. Sanders), 제임스 던(James Dunn), 그리고 톰 라이트(Tom Wright) 등의 엉뚱한 주장을 통해 반복됩니다. 사실 구원의 열매인 선행을 구원과 무관한 것으로 여길 때, 이신칭의 교리는 개신교의 교리적 면죄부로 변질되기 쉽습니다. 이것이 '예수천당'이라는 구호의 폐해입니다. 그러나 분명히 단 한 번의 참된 믿음으로 구원을 받을 수는 있겠지만, 한 번의 믿음으로 구원의 모든 것을 한꺼번에 소유할 수는 없습니다. 왜냐하면 아직 이루어가야 할 구원이 남아있기 때문입니다. 하나님을 믿는다고 저절로 성인군자가 되는 것은 아닙니다. 영적인 성인군자는 믿음 안에서 율법을 지키는 과정을 통해 만들어지는 겁니다.

성경은 믿음과 선행을 구분하지만, 분리하지는 않습니다. 야보고서는 믿음을 두 종류, 즉 행함이 있는 믿음과 행함이 없는 믿음으로 구분하고, '행함이 없는 믿음'을 '그 자체가 죽은 것'이라고 규정합니다. '하나님께서 한 분이신 줄'을 믿더라도, 행함이 없다면 헛것이라고 합니다. 그것은 '귀신들도 믿고 떠는' 당연한 사실이기 때문입니다. 그는 이렇게 결론을 내립니다.

믿음이 그의 행함과 함께 일하고 행함으로 믿음이 온전하게 되었느니라 이에 성경에 이른 바 아브라함이 하나님을 믿으니 이것을 의로 여기셨다는 말씀이 이루어졌고 그는 하나님의 벗이라 칭함을 받았나니 이로 보건대 사람이 행함으로 의롭다 하심을 받고 믿음으로만은 아니니라(야고보서 2장 22~24절)

사실 '믿음으로 의롭게 된다'는 이신칭의 교리를 발견한 루터는 야고보서의 '행위로 받는 구원'이 바울 사도의 가르침과 조화되기 어려운 것으로 보았습니다. 그래서 야고보서가 정경이라는 사실을 몹시 못마땅해하며 '지푸라기 서신'이라고 부르기도 했습니다. 하지만 바울 사도도 "두렵고 떨림으로 너희 구원을 이루라"라고 가르칩니다(빌립보서 2장 12절). 루터조차도 단 한 번의 믿음으로 구원의 모든 것이 이루어진다고 보지는 않았습니다. 그는 예수님을 구주로 믿고 구원받은 신자의 상태를 겨우 죽을 고비를 넘긴 중환자에 비유하면서, 믿고 구원받는 그 순간부터 영혼의 의사이신 예수님의 말씀을 철저하게 순종해야 한다고 강조했습니다.

이처럼 이신칭의 교리의 시조인 루터조차도 열매 없는 믿음, 즉 성화 없는 칭의를 가르치지는 않았습니다. 왜냐하면 그는 행위가 뒤따르지 않는 믿음을 '가공된 믿음'(*ficta fides*), 즉 죽은 믿음이라고 주장했기 때문입니다. 루터가 염려하고 격렬하게 반대한 것은 신인협동설, 곧 칭의와 성화를 뒤섞어버림으로써 마치 구원이 하나님과 사람의 합작품인 것처럼 가르친 중세 로마교회의 구원교리였습니다. 루터는 구원은 오직 하나님의 은혜라고, 사람의 어떤 공로도 포함되지 않고 순수하게 예수님의 공로 덕분에 받아 누릴 수 있는 것이라고 주장했습니다.

스트라스부르의 종교개혁자 부써(Martin Bucer)와 제네바의 종교개혁자 칼빈은 칭의와 성화가 분리되는 현상을 개탄하면서 반대했던 대표적인 사람들입니다. 칼빈에 따르면 칭의와 성화는 마치 동전의 양면처럼, 하나가 없이는 결코 다른 하나도 존재할 수 없습니다. 칭의는 앞서는 원인이고 성화는 반드시 뒤따르는 결과로, 칼빈은 이러한 원인과 결과의 역순은 결코 성립될 수 없으며 구분되어야 한다고 보았습니다. 그러나 또한 성화를 인간의 선행으로 정의한 칼빈은 칭의와 성화는 결코 분리되어서는 안 된다고도 강조했습니다. 선행, 즉 성화가 따르지 않는 칭의는 없습니다. 따라서 믿음으로 의롭게 된 신자의 삶은 반드시 선행의 열매를 맺게 됩니다.

그러므로 종교개혁자들이 가르친 이신칭의 교리(오직 믿음으로만, 오직 은혜로만 구원받는다는 교리)는 결코 성화 교리(사람의 선행)를 배제하지 않습니다. 즉 구원받는 믿음은 결코 인간의 선행을 배제하지 않습니다. 오히려 참된 믿음의 신자라면, 반드시 선행이라는 삶의 열매를 맺게 됩니다. 우리는 이것을 구원받은 신자들을 성령님께서 성화로 이끄시는 것이라고 여깁니다. 그래서 예수님께서도 선한 나무는 선한 열매를 맺는다고 말씀하신 겁니다.

두 번째 오해는 '오직 믿음'의 교리가 '유아세례'를 거부한다는 주장입니다. 루터의 '오직 믿음'을 세례와 연관시킨 사람들이 16세기에 있었는데, 재세례파가 그들입니다. 세례받는 사람이 자신의 믿음을 스스로 시인하는 신앙고백이 없이는 세례가 무효라는 것이 재세례파의 가르침입니다. 따라서 그들은 신앙고백 없이 주어진 유아세례는 무효라고 주장하며, 다시 세례를 받을 것을 주장하여 '재세례파'라는 이름을 얻었습니다. 이와 같은 재세례파의 세례 교리의 문제는, 입으로 시인하는 신앙고백이 있는 세례를 구원받는 절대 보편의 원리로 간주한다는 겁니다. 유아세례를 거부하는 재세례파의 세례 교리가 왜 종교개혁자들에게 거부당했는지, 그 교리의 심각한 문제는 무엇이었는지는 '세례'를 다루는 장에서 상세하게 이야기하겠습니다.

세 번째 오해는 '이신칭의' 교리가 믿음을 개인의 자유의지에 따른 결단, 즉 '결신'으로 간주한다는 주장입니다. 물론 신자의 믿음에는 분명 '결신'이라는 요소가 있습니다. 하지만 기독교 신앙과 개인의 신념은 서로 다릅니다. 구원하는 믿음과 개인적인 확신을 동일시할 수는 없습니다. 개인의 확신은 믿음을 주관적인 것으로 만들게 되지만, 구원받는 믿음은 객관적이며 보편적이기 때문입니다. 구원받는 믿음의 객관적인 요소는 하나님의 말씀인 성경입니다. 성경에 근거하지 않는 믿음은 기독교 신앙이 아니라는 뜻입니다. 말씀, 즉 성경을 들음으로써 태어나는 믿음은 영의 양식인 말씀을 먹으며 성장합니다. 따라서 참된 믿음은 자기최면이나 무지한 맹신이 아닙니다.

기독교 신앙은 결코 맹목적이거나 무지하지 않습니다. 믿음은 삼위 하나님을 아는 지식이기 때문입니다. 믿음은 삼위 하나님의 성품과 사역과 뜻을 아는 겁니다. 하나님을 인격적으로 만나 사귀지 않고는 그분을 알 수 없습니다. 사랑의 하나님과의 교제는 성령 하나님의 역사를 통해 말씀과 기도로 이루어집니다. 믿음은 하나님을 아는 지식이므로, 그분을 아는 만큼 자라고 깊어집니다. 따라서 하나님을 믿는 믿음과 아는 지식은 동전의 양면과도 같습니다. 믿음에 있는 주관적인 요소도 단순히 개인의 의지나 감정에 의한 주관적인 확신이라기보다는, 성령 하나님의 감동에 의한 객관적인 확신이라고 말하는 것이 더 정당합니다.

성령님으로부터 얻은 확신에서 신자의 담대함이 생겨납니다. 믿음의 확신은 성령님의 감동이 일으키므로, 그것은 내 욕망이 아닌 진리와 복음을 위해 살 수 있는 담대한 용기를 일으킵니다. 그러므로 성령님의 진정한 감동은 성경의 가르침과 일치할 뿐만 아니라, 하나님의 진리의 말씀인 성경을 더욱 굳건하게 세웁니다. 그래서 성경과 성령님이 믿음의 확실성을 구성하는 두 요소입니다. 결국 죄인인 우리를 성경의 가르침에 굴복시키지 않는 종교적인 감동이란 단순히 인간적인 자기최면에 불과하거나, 거짓 감동, 즉 모조품 제작의 달인인 사탄에게 속아서 생긴 영적인 감흥일 가능성이 큽니다.

### ◈ 토론을 위한 질문 ◈

1) 구원은 무엇이며 죄와 어떤 관계인가요?

2) 성경은 어떤 책인가요?

3) 예지예정론과 이중예정론은 각각 무슨 뜻인가요?

4) 그리스도의 삼중직분이란 무엇인가요?

5) 믿음과 지식은 서로 어떤 관계인가요?

제3장

# 교회

## 1) 교회란 무엇인가요?

신약성경의 그리스어 '*에클레시아*'(*Ecclesia*)가 '교회'로 번역되는데, 이 용어는 구약성경에서 '여호와의 회중', 즉 하나님의 백성을 의미하는 히브리어 '*카할*'을 그리스어로 번역한 겁니다. 성경은 '*에클레시아*'라는 단어를 '소집된 하나님 백성의 모임' 혹은 '그리스도를 믿는 성도의 모임'이라는 의미로 사용했습니다.

교회는 사람이 세우는 것이 아닙니다. 돈과 사람만 있으면 얼마든지 세울 수 있는 그러한 것이 아닙니다. 교회는 오직 하나님의 손으로만 세워질 수 있는 신적인 기관입니다. 그래서 칼빈은 교회를 '그리스도께서 세우신 거룩한 기관'

으로 정의합니다. 교회는 순수하게 하나님께서 친히 세우시는 그분만의 고안물이자 구성물입니다. 하나님의 교회 건설을 위해 사람인 우리는 단지 부역하는 일꾼일 뿐이지만, 하나님께서는 그런 우리를 단순한 부역자가 아니라 동역자로 부르십니다.

성경은 교회를 예수님의 몸이라고 가르칩니다. 또한 교회는 하나님께서 택하신 백성의 모임입니다. 하나님께서 친히 자신의 백성을 예수님의 몸으로 불러 모으시되 말씀과 성령으로 부르시고, 거룩하게 하시고, 하나님의 자녀답게 살도록 양육하시는 곳이 바로 교회입니다. 언제나 교회 설립의 주체는 오직 삼위 하나님 한 분뿐이십니다. 삼위 하나님께서는 자신이 원하시는 시기와 장소에 거룩한 교회를 세우셨고, 세우시며, 세우실 겁니다. 예수님 한 분만을 머리로 모신 교회만이 하나님의 참 교회입니다. 이런 교회가 하나님의 말씀을 듣고 순종하며, 성령님의 가르침에 귀를 기울이는 경건하고 거룩한 공동체입니다. 하지만 교회의 거룩성은 몸의 지체가 아닌, 머리이신 그리스도께만 속합니다. 지상교회는 죄인으로 구성되어 있기 때문에 죄인공동체인 동시에 의인공동체입니다.

무엇보다도 첫째로, 이런 거룩한 공동체인 교회는 '진리

공동체'입니다. 왜냐하면 하나님의 진리와 구원의 복음을 가르치는 곳이 교회이기 때문입니다. 이런 의미에서 성경은 교회를 '진리의 기둥과 터'라고 부릅니다. 교회가 복음을 외치고 가르치는 것은 그것이 유일한 구원의 진리이기 때문입니다. 또한 이 진리는 참된 교회인지 거짓 교회인지를 가늠하는 유일한 잣대이며 근거입니다. 예수님께서는 천국을 열고 닫을 수 있는 열쇠를 교회에게 맡기셨습니다. 그러므로 교회 없이는 구원도 없습니다.

둘째로, 교회는 '사랑공동체'입니다. 왜냐하면 하나님의 사랑으로 세워지고 그 사랑을 받아 세상에 전하는 것이 교회이기 때문입니다. 하나님의 사랑은 교회를 움직이는 동력일 뿐만 아니라, 교회를 세우고 유지하는 최상의 방법이기도 합니다. 서로 사랑하지 않고 유지될 수 있는 교회는 없습니다. 이 사랑은 성도를 세상의 빛과 소금이 되게 합니다.

셋째로, 교회는 '봉사공동체'입니다. 몸은 수많은 지체들의 상호협력을 통해 질서 있고 일사분란하게 원하는 것을 성취할 수 있습니다. 이처럼 교회 역시 예수님의 몸이기 때문에, 이 몸의 지체인 모든 성도들이 서로를 섬기고 협력할 때 비로소 교회의 사명을 제대로 감당할 수 있습니다. 교회의 모든 직분자들에게 공통적으로 주어진 은사가 바로 섬김과 봉사입니다. 이 섬김과 봉사를 통해 교회의 질서가 세워집니다.

마지막 넷째로, 교회는 '성장공동체'입니다. 에베소서는 몸이 자라듯 예수님의 몸인 교회도 성장한다는 사실을 가르칩니다. 교회의 영적 성장은 '그리스도의 장성한 분량'에 이르기까지 멈추지 않을 겁니다(에베소서 4장 13절). 그리스도를 닮기 위해 멈추지 않고 성장해 나가는 공동체, 이것이 바로 세상에 속하지 않은 순례자로서의 교회입니다.

이상의 네 가지 특징을 요약하면, 예수님의 몸인 거룩한 교회는, 마지막 심판의 나팔이 울리기까지 긴장의 끈을 늦추지 않고 예수님을 본받기 위해, 그리고 끊임없이 그분께로까지 자라가기 위해 하나님의 진리를 담대히 선포하며 사랑으로 세상을 섬기는, 이 세상의 겸손한 순례자라 할 수 있습니다.

교회는 무엇보다도 이 세상에서 유일한 구원의 기관입니다. 왜냐하면 예수님의 몸인 교회에 접붙여지지 않고는 아무도 구원받을 수 없고, 예수님의 지체가 될 수 없으며, 천국 백성이 될 수 없기 때문입니다. 그러므로 교회 밖에는 구원이 없습니다. 구원은 결코 개인적인 것이 아닙니다. 성령님께서 하나님의 백성을 모두 한꺼번에 불러 모으지 않으시고 각자 따로 부르시는 것은 사실이지만, 부름받은 모든 신자는 한 사람도 예외 없이 같은 예수님의 몸의 지체가 됩니다.

하나님을 아버지로, 예수님을 구주로, 성령님을 보혜사로 모신 그리스도인은 예외 없이 예수님의 한 몸 안에서 함께 살아가는 더불어 공동체입니다. 그들 모두는 예수님과 함께 죽었고 또한 그분과 함께 살아난 새 생명 공동체입니다. 이 새 생명 공동체는 결코 개별화될 수도 없고, 되어서도 안 됩니다. 교회 안에서 독립적이고 이기적인 지체는 생명을 위협하는 암세포와 같습니다. 예수님의 몸인 교회는 서로의 사귐을 통해서만 그 생명력을 유지하고 강화할 수 있습니다.

또한 교회는 하나님의 나라가 이 땅에 실현되는 장소입니다. 지상의 제도적 교회는 불완전한 것이 사실이지만, 그것이 교회 자체가 불완전함을 의미하지는 않습니다. 교회의 완전성은 오직 교회의 머리이신 예수님의 거룩함에 달려 있기 때문입니다. 삼위 하나님께서 자신의 백성을 불러 모으시는 거룩한 기관인 교회는 어떤 악한 시대에도 불구하고 결코 존재하지 않은 때가 없으며, 그것이 지상에서 아무리 나약한 모습이라 해도 예수님께서 교회의 머리이신 한 결코 무너지거나 사라질 수 없습니다. 교회는 음부의 권세를 가진 사탄조차도 무너뜨리거나 정복할 수 없을 만큼 강력하니다. 왜냐하면 만왕의 왕이신 예수님께서 그 교회의 머리시기 때문입니다.

예수님을 머리로 모시고 사는 그리스도인은 하나님의 거룩한 백성입니다. 성령님께서는 말씀을 통해 하나님의 백성을 내적으로 부르시며, 그를 예수님의 피로 씻겨 거룩하게 하시며, 세상 끝 날까지 거룩한 삶을 지속적으로 살아갈 수 있도록 그를 성전으로 삼으십니다. 성전인 신자는 거룩한 삶을 살아가야 마땅한데, 말씀과 기도 외에 거룩한 삶을 유지할 수 있는 다른 방법이 없습니다. 말씀과 기도는 하나님께서 그분의 은혜를 베푸시는 중요한 수단입니다. 신자는 말씀을 듣고 묵상함으로써 자신의 모습이 어떠한지를 깨닫게 됩니다. 또한 하나님께 기도함으로써 자기 자신을 주인으로 모신 교만한 인생을 끊임없이 포기하고, 예수님께서 주인이신 겸손한 인생을 끝까지 살게 됩니다.

지상의 가장 강력한 영적 기관인 교회는 흔히 네 가지 속성이 있는데, 통일성, 거룩성, 보편성, 사도성이 그것입니다. 이 네 가지 속성은 "나는 하나의 거룩하고 보편적이며 사도적인 교회를 믿습니다."라는 초대교회의 신앙고백에서 비롯된 겁니다. 즉 교회의 네 가지 속성이란 교회가 유일한 구원의 기관으로서 예수님의 하나뿐인 몸이고(통일성), 예수님의 피로 구별된 거룩한 존재이며(거룩성), 시공간을 초월해 세상 모든 곳에 존재하는 공동체이고(보편성), 예수님과 사도의 가르침 위에 세워진 것(사도성)이라는 뜻입니다.

또한 종교개혁자들은 중세 로마교회의 거짓됨을 밝히고 거짓 교회들 가운데 참된 교회를 구분하기 위해 '교회의 표지'라는 용어를 사용하기 시작했습니다. 가장 중요한 표지는 말씀 선포, 즉 하나님의 말씀을 선포하는 설교가 제대로 행해지고 청취되는가, 그 다음으로 중요한 표지는 성례 집행, 즉 성찬과 세례가 바르게 집행되는가, 마지막 표지는 권징 시행, 즉 교회 안에서 공적으로 죄를 범한 사람을 처벌하고 그가 잘못을 뉘우칠 때 해벌하는 일이 시행되는가 하는 겁니다. 이 세 표지를 가진 교회가 참된 교회로 간주되는데, 그중 가장 중요한 요소는 말씀 선포, 즉 설교입니다.

## 2) 설교는 무엇이며 왜 필요한가요?

전통적으로 기독교 예배의 요소는 사도행전 2장 42절에서 '사도의 가르침과 교제와 떡을 뗌과 기도'로 확인할 수 있습니다. 부써와 칼빈에 따르면, 여기서 사도의 가르침은 설교로, 교제는 나눔(구제)으로, 떡을 떼는 것은 성찬으로, 기도는 찬송과 기도로 간주됩니다. 그런데 여기서 교제란 하나님께서 우리 모두에게 주신 영적인 은사와 육적인 은사들을 서로 나누는 것을 의미하며, 성경의 연보, 오늘날의 구제헌금이 그와 같은 교제를 실천하는 겁니다. 그러므로 사도행전에 근거한 예배의 4대 요소는 설교, 연보, 성찬, 기도(찬송)입니다.

초대교회 예배에서 가장 중요한 두 요소는 설교, 즉 듣는 말씀이고, 다른 하나는 성찬, 즉 보는 말씀이었습니다. 설교는 하나님의 말씀을 선포하는 것을 의미합니다. 달리 표현하면, 설교는 예배 속의 복음전도입니다. 설교와 예배는 서로 뗄 수 없는 불가분의 관계입니다. 특히 개신교 예배는 설교를 빼고는 생각할 수 없습니다. 왜냐하면 설교를 예배의 중심으로 간주하기 때문입니다.

중세교회는 성찬 중심의 보는 예배를 너무 귀중하게 여긴 나머지, 성찬예배인 미사를 일 년에 겨우 한 번 정도밖에 드리지 않았습니다. 나머지 수많은 예배는 실제로 성찬이 집행되지 않는 명칭만 미사였고, 중세교회가 인정한 거룩한 언어인 라틴어로 진행된 설교는 대부분의 평신도에게 무의미한 것이었습니다. 그래서 종교개혁은 말씀예배를 회복하기 위해 최선을 다했고, 설교는 반드시 자국어로 하도록 했습니다. 그 결과 오늘날 개신교는 말씀 중심의 예배, 즉 설교

예배에 치중하게 된 겁니다.

하나님께서는 복음 설교를 통해 자신의 백성을 부르십니다. 설교는 하나님께서 자신의 백성을 부르시는 가장 중요한 구원의 수단입니다. 따라서 설교 없이는 구원도 없습니다. 하지만 아무리 유능한 목사의 설교라 해도 청중의 마음에 감동을 불러일으키시는 성령님의 역사가 없다면, 회개하고 복음을 믿는 일은 일어나지 않을 겁니다. 이런 이유 때문에 설교를 외적인 부르심이라고 하고, 성령님의 역사를 내적인 부르심이라고 하는 겁니다. 성령님께서 외적 부르심인 설교를 통해 내적으로 부르실 때, 비로소 신자는 태어나고 자라고 강해집니다. 설교는 엔진 점화 플러그의 불꽃처럼 믿음을 일으키는 불꽃입니다. 이 불꽃으로 엔진이 구동되려면 기본적으로 엔진 내부의 모든 부분이 정상적으로 작동해야 하는데, 이처럼 설교의 불꽃으로 믿음이 발생하려면 반드시 성령님의 내적인 역사가 전제되어야 합니다.

바울사도의 말씀처럼 설교자는 나무를 심고 물을 공급하는 역할 외에 더 이상 할 것이 없습니다. 왜냐하면 나무를 자라게 하는 일은 오직 하나님께만 달린 것이기 때문입니다. 흔히 유창한 설교나 재미있는 설교, 내지는 감동적인 설교를 들을 때 은혜 받았다고 말하거나 설교를 잘 한다고 말하곤 하는데, 이런 말은 조심해야 합니다. 왜냐하면 아무리 감동적이고 재미있는 설교라 해도 전혀 성령님의 역사가 아닐 수 있기 때문입니다. 그러므로 어떤 설교가 하나님의 말씀인지 아닌지 분별할 수 있는 분별력이 성도들에게는 반드시 필요합니다.

좋은 설교와 나쁜 설교, 건강한 설교와 불량한 설교를 구분하는 기준은 하나님의 말씀인 성경뿐입니다. 자신의 기분이나 경험이나 상식이 설교를 진단하고 판단하는 기준이 될 때, 우리는 참 선지자와 거짓 선지자를 구분하지 못한 이스라엘 백성과 같이 어리석은 사람이 되고 맙니다. 이스라엘 백성은 듣기에 좋은 말로 미혹하는 거짓 선지자의 예언을 환영하고, 하나님의 말씀을 바르게 전한 참 선지자들의 예언을 듣기 싫다는 이유로 배척했습니다. 그들에게 분별력이 없었기 때문에 참 선지자의 말을 하나님의 말씀으로 받아들일 수 없었고, 참 선지자들을 미워하고 배척하는 단계를 넘어 핍박하고 죽이는 악행을 저질렀던 겁니다.

구약시대뿐만 아니라 오늘날에도 자신의 기분과 경험과 상식으로 설교를 판단하는 사람들이 허다합니다. 재미와 감동으로 설교를 진단하고, 청중의 마음을 들었다 놓았다 하는 재주를 가진 설교자를 유능하다고 평가하는 것은 참으로 위험천만한 일입니다. 물론 설교자는 어느 정도의 언변을 갖추어야 합니다. 하지만 유창한 언변이 설교의 최고 조건은 아닙니다.

설교자가 갖추어야 할 가장 중요한 조건은 참된 신앙입니다. 또한 하나님께서 자신을 말씀으로 섬기는 종으로 부르셨다는 확고한 소명감입니다. 다음으로 중요한 조건은 설교자의 진정성입니다. 즉 최선을 다해 설교를 준비하고, 이렇게 준비된 설교를 마치 자신을 위해 만든 음식을 맛보듯이 자신이 먼저 하나님의 말씀으로 들을 수 있어야 합니다. 마지막 조건은 하나님의 말씀인 성경을 바르게 해석하고 진심으로 청중에게 전달하도록 성령님께서 효과적으로 인도해주시는 겁니다.

설교를 듣는 청중의 가장 바른 자세는 설교를 통해 자신에게 들려주시려는 하나님의 구체적인 뜻을 기대하고 갈구하는 믿음입니다. 이 믿음은 듣는 자에게 겸손을 요구합니다. '말씀하시옵소서. 제가 듣겠습니다.'라는 자세가 좋은 밭의 상태입니다. 뿌려진 말씀의 씨앗이 열매를 맺고 맺지 못하는 것은 말씀 자체에 있는 것이 아니라, 온전히 밭의 몫입니다. 말씀을 듣는 청중의 자세와 마음이 좋은 밭인지, 가시밭인지, 돌밭인지, 길가인지에 따라 결과는 다를 수밖에 없습니다. 말씀의 씨앗을 뿌리는 일, 즉 설교는 누가 하든지 동일한 겁니다. 물론 설교의 내용이 잡초의 씨앗처럼 성경과 무관한 것이라면, 아무리 좋은 밭이라 해도 싹을 틔우고 열매를 맺는 일은 결코 일어나지 않을 겁니다. 설교하는 자와 듣는 자 모두가 설교를 대하며 갖춰야 할 기본자세는, 말씀을 통해 하나님의 음성을 듣고 싶어 하는 소망과 겸손한 믿음입니다.

종교개혁자들은 모두 한결같이 설교를 하나님의 말씀이라고 가르쳤습니다. 하나님의 말씀에는 세 종류가 있는데, 그것은 삼위 하나님 중 두 번째 위격이자 말씀이신 성자와, 기록된 말씀인 성경과, 들을 수 있는 말씀인 설교입니다. 16세기에는 복음을 선포하는 일인 설교가 하나님의 말씀이라는 진술이 재고의 여지없이 당연한 것이었습니다. 하지만 오늘날에는 아마 거의 동의하지 않을 겁니다. 왜냐하면 인간의 소리에 불과한 설교가 선포되고, 또 설교를 그렇게 간주하기 때문입니다. 이처럼 오늘날 설교는 전혀 신적 권위가 없습니다. 설교하는 자도 듣는 자도 설교를 신앙적인 만담 정도로 여깁니다. 하지만 '믿음은 말씀을 들음에서 난다'는 것이 성경의 가르침입니다. 이것은 설교 없이는 구원도 없다는 뜻이 아닐까요?

누구든지 주의 이름을 부르는 자는 구원을 받으리라 그런즉 그들이 믿지 아니하는 이를 어찌 부르리요 듣지도 못한 이를 어찌 믿으리요 전파하는 자가 없이 어찌 들으리요 보내심을 받지 아니하였으면 어찌 전파하리요 기록된 바 '아름답도다 좋은 소식을 전하는 자들의 발이여' 함과 같으니라 …… 그러므로 믿음은 들음에서 나며 들음은 그리스도의 말씀으로 말미암았느니라(로마서 10장 13~17절)

여기서 바울 사도는 복음전도, 즉 그리스도의 말씀을 전하는 일과 그 일을 맡은 사역자들이 너무나 귀하다는 사실을 상기시킵니다. 또한 말씀의 사역자들은 하나님께서 친히 세우시고 보내신 자들이라고 분명하게 가르칩니다.

설교는 '그리스도의 말씀'으로부터 나옵니다. 이런 점에서 설교 자체가 하나님의 말씀과 동등한 권위를 가지지는 않습니다. 자신의 설교에 순종하라고 강요하는 설교자를 조심해야 합니다. 순종은 설교 자체나 목사에게 하는 것이 아닙니다. 말씀과 하나님께 순종하는 겁니다. 하지만 하나님의 말씀이 바르게 선포된 설교를 듣고서도 순종하지 않는 것은 믿음의 자세가 아닙니다. "하나님의 말씀을 듣고 지키

는 자가 복이 있느니라"(누가복음 11장 28절)

설교는 육신의 귀로 듣는 것이 아니라 믿음의 귀로 들어야 합니다. 말씀을 듣는다는 것은 말씀을 믿고 순종한다는 뜻입니다. 바르게 선포된 설교를 하나님의 말씀으로 듣는 복된 귀가 곧 믿음입니다. 그러므로 말씀을 듣기만 하고 순종하지 않는 것은 불신앙입니다. 설교를 하는 사람이건 듣는 사람이건 설교를 우습게 여기는 일은 하나님의 말씀만이 아니라, 설교를 통해 말씀하시는 하나님까지도 우습게 여기는 꼴이 된다는 사실을 명심해야 합니다.

### 3) 세례를 받는다는 것은 무엇을 의미하나요?

세례는 성찬과 더불어 개신교에서 인정하는 두 성례 가운데 하나입니다. 성례인 세례와 성찬은 은혜의 방편, 즉 하나님께서 자신의 은혜를 베푸시는 주요 수단 가운데 하나입니다. 하지만 오늘날 성례의 비중은 점점 약해지고 있습니다. 교리적으로 성령세례와 물세례의 구분이 지나쳐서, 내적 세례인 성령세례는 진짜 세례이고 외적 세례인 물세례는 단지 형식에 불과하다는 인식이 팽배합니다. 그래서인지 예전과 달리 오늘날 다양한 전도프로그램에 목을 매는 교회일수록 세례식을 가볍게 여깁니다. 세례식뿐만 아니라 성찬식조차도 시간 관계상 가능한 간단하게 빨리 해치우고 싶어 합니다. 은혜의 방편인 세례와 성찬이 목사나 성도 누구에게도 환영받지 못하는 교회의 '애물단지'로 취급되는 것 같아 안타깝습니다.

'성례'라는 말은 '신비'를 뜻하는 단어에서 나왔는데, 천국열쇠를 맡은 교회가 집행하는 가장 거룩한 신비를 뜻합니다. 하나님께서는 이 신비를 통해 교회의 구원을 이루어 가십니다. 일찍이 교부 아우구스티누스는 설교를 귀로 듣는 말씀으로, 성례를 눈으로 보는 말씀으로 간주했고, 부써와 칼빈 같은 종교개혁자들도 이 견해를 그대로 수용했습니다. 즉 하나님께서 설교를 통해서는 자신의 말씀을 들려주시지만, 성례를 통해서는 그 말씀을 친히 보여주신다는 겁니다. 성례는 구원의 말씀을 보여주시는 하나님의 행동입니다. 교회의 역사는 설교와 성례가 교회의 가장 중요한 요소라고 증언합니다. 그러므로 교회는 복음을 함께 듣기 위해 모이고, 복음을 함께 보고 누리기 위해 모이는 공동체인데, 이것을 예배공동체라 부릅니다.

오늘날 설교는 어디서나 들을 수 있습니다. 그래서인지 굳이 설교를 듣기 위해 모일 필요가 없다고 생각합니다. 너무 다양한 설교를 너무 쉽게 들을 수 있기 때문에, 우리는 종종 자신이 속한 교회 성도들과 함께 한자리에 모여서 예배를 통해 듣는 설교를 때론 따분하고 지겨운 것으로 여깁니다. 또한 성례에 참석하기 위해서는 한자리에 함께 모일 수밖에 없지만, 예배 시간이 길어진다는 이유로 성례를 귀찮고 따분하게 여깁니다. 참으로 안타깝고 불행한 일입니다.

설교와 성례는 교회의 가장 중요한 두 요소, 즉 교회가 세상을 구원으로 인도하는 두 가지 방법입니다. 설교와 성례를 무시하는 것은 교회가 타락하여 교회다움을 상실했다는 반증이 아닐까요? 교회가 교회다움을 회복하기 위해서는 가장 먼저 설교와 성례의 위상을 회복해야 합니다. 설교와 성례로 구성된 예배는 교회의 교회다움, 교회의 정체성을 가늠하는 시금석입니다. 설교와 성례는 교회의 어떤 행사보다 중요한, 아니 어떤 것과도 비교할 수 없는 가장 중요한 핵심요소입니다. 성례에는 두 가지, 즉 세례와 성찬이 있는데, 이것이 무엇을 의미하며 왜 그렇게 중요한지 주의 깊게 살피고 정확하게 파악할 필요가 있습니다.

먼저 세례는 죄 씻음의 보증이며, 신자의 표지입니다. 하나님의 백성과 자녀의 표식입니다. 세례를 받음으로써 예수님의 몸의 지체, 즉 교회공동체의 일원이 되는 겁니다. 그러므로 세례란 죄로 하나님과의 소통과 교제가 끊어져 자신

속에 고립된 개인이 예수님의 몸인 교회의 일원으로 가입하는 유일한 수단입니다. 죄를 씻는 세례 외에 교회라는 몸에 접붙여질 수 있는 길은 없습니다. 따라서 세례 없이는 구원도 없습니다. 세례란 육체는 죽이시고 영혼은 살리시는 성령님의 신비로운 사역입니다. 또한 죽은 자를 살리셔서 생명의 그리스도와 교제하도록 그리스도의 몸인 생명공동체로 초청하는 초대장입니다.

세례는 공적 선언이기도 합니다. 즉 우리의 옛 자아를 예수님의 십자가에 못박아 죽이고, 예수님께서 우리 인생의 새로운 주인이심을 공개적으로 선언하는 겁니다. 예수님의 십자가가 단 한 번으로 족하듯이, 그리스도인의 세례도 단 한 번이면 족합니다. 삼위 하나님의 이름으로 받은 단 한 번의 세례로 하나님의 구원은 우리의 것이 됩니다. 구원의 세례는 믿음을 통해 일으키시는 성령님의 역사입니다. 이것은 성령님으로 받는 세례, 즉 성령세례와 다르지 않습니다. 그렇지 않고 성령세례를 물세례와 분리하는 것은 위험천만한 일입니다. 물론 물세례와 성령세례를 구분하지 않고 동일시하여 물세례 자체가 구원을 자동으로 가져오는 수단이라고 가르치는 교리적 오류는 주의해야 합니다. 하지만 이런 오류를 피하기 위해 물세례와 성령세례를 마치 서로 완전히 다른 종류의 세례인 것처럼 취급하는 것도 역시 주의해야 합니다. 왜냐하면 이런 오류는 물세례를 단지 의식에 불과한 것으로 평가절하하는 반면, 성령세례는 비밀스럽고 개인적인 것으로 왜곡하기 때문입니다.

비록 누군가에게 성령세례가 물세례보다 앞서 일어났다 해도 물세례를 아무것도 아닌 의식으로만 취급해서는 안 됩니다. 왜냐하면 그가 물세례를 온 마음을 다해 믿음으로 받는다면, 내주하시는 성령님께서 놀라운 은혜와 능력을 반드시 나타내 보이실 것이기 때문입니다. 반대로 성령세례를 받지 못한 상태에서 물세례를 받는 경우에도 성령님의 임재가 일어나기를 간절한 마음으로 기도하고 믿음으로 물세례를 받는다면, 성령님께서 임하셔서 성령님으로 세례 받는 놀라운 경험을 하게 될 겁니다. 그러므로 물세례를 받기만 하면 자동으로 구원에 이르게 된다는 교리도 심각한 오류이지만, 반대로 물세례를 별 의미 없는 하찮은 것으로 취급하고 구원과 무관한 것이라고 생각하는 것도 심각한 오해입니다.

신자의 표지인 세례의 중요성은 아무리 강조해도 지나치지 않습니다. 왜냐하면 세례 없이는 구원도 없기 때문입니다. "믿고 세례를 받는 사람은 구원을 얻을 것이요, 믿지 않는 사람은 정죄를 받으리라"(마가복음 16장 16절) 그렇다면 예수님을 믿었지만, 세례를 받지 못하고 죽으면 어떻게 될까요? 특히 세례를 받지 못하고 죽은 유아는 누구도 구원받지 못하는 것일까요? 사실 구원은 온전히 하나님의 뜻에 달린 것이기 때문에, 이 질문에 '예' 혹은 '아니오'로 대답하기는 어렵습니다. 다만 세례는 세례를 받을 만한 여건과 환경이 구비된 사람에게만 적용되는 신자의 표지입니다. 따라서 누군가 시간이나 여건상 혹은 신체적으로나 정신적으로 세례를 받기에 충분하지 않을 경우, 그에게 믿음의 표지, 구원의 표지로서 반드시 세례가 요구되지 않을 수도 있습니다.

그러면 물세례를 받고도 구원받지 못하는 경우가 있을까요? 이것은 세례의 의미를 모르고 받았거나 세례를 믿음으로 받지 않았을 경우, 또는 자신을 속이고 끝까지 위선자로 살아갈 경우에 일어날 수 있습니다. 그럼 아무것도 모르는, 즉 아기 때나 어린아이 시절 부모의 신앙고백으로 받는 유아세례는 어떨까요? 유아세례는 아이가 세례의 의미도 모르고 스스로 신앙을 고백한 것도 아니므로 무효한 것인가요? 성인이 된 후 다시 세례를 받아야 하는 걸까요? 이 질문에 '예'라고 대답하는 사람들이 재세례파입니다. 다른 종교개혁자들은 이들의 주장에 반대하여 유아세례를 언약의 자녀라는 관점에서 지지하고 변호했습니다. 그들을 따르는 입장은 신자의 자녀가 언약의 자녀로서 받은 유아세례는 유효하다는 겁니다.

우리는 태어날 때 자신만의 고유한 주민등록번호를 받는데, 이것은 대한민국 국민이라는 표시입니다. 이처럼 세례도 하나님 나라의 백성임을 나타내는 표지입니다. 하지만 어린아이는 비록 태어나면서부터 국민이긴 해도, 스스로 판단할 수 있는 성인이 될 때까지는 국민의 주권을 모두 행사하지는 못합니다. 이처럼 유아세례를 통해 아이가 언약 백성이라는 사실이 공포되지만, 자신의 입으로 신앙을 고백할 때까지는 신자의 권리, 즉 성찬에 참여하지 못하는 겁니다. 로마서 10장 9절부터 13절까지를 근거로 신앙고백이 반드시 세례에 선행되어야 한다고 주장하는 재세례파와 달리, 칼빈과 같은 개혁자들은 유아에게 먼저 세례를 베푼 다음에 어느 정도 성장한 후에 신앙고백을 요구합니다. 신앙고백과 세례의 순서가 바뀌었다고 세례 자체가 무효라고 할 수는 없다고 본 겁니다.

신약의 세례는 하나님께서 구약의 이스라엘을 언약 백성으로 삼으신 것을 증표하는 할례와 같은 겁니다. 따라서 유아세례는 언약 백성의 자녀에게 베푸시는 영적 상속의 증표라 할 수 있습니다.

### 4) 성찬에 참여하는 것은 무엇을 의미하나요?

세례와 함께 성찬은 하나님께서 우리에게 베푸시는 은혜의 수단입니다. 성찬은 세례를 통해 그리스도의 몸이 된 지체들이 머리이신 그리스도와 하나로 연합하여 영적 사귐과 친교를 나누는 신비한 연합을 의미합니다. 그리스도께서 우리 안에, 우리가 그리스도 안에 거하는 신비한 연합은 우리가 믿고 세례 받을 때 이미 시작됩니다.

성찬은 예수님께서 친히 제정하신 지상의 천국 잔치입니다. 예수님께서 자신이 잡히시기 전날 밤 저녁 만찬의 자리에서 제자들에게 첫 성찬을 베푸셨기 때문입니다. 그런데 예수님으로 옷 입지 않고서는 아무도 지상의 천국 잔치인 성찬에 참여할 수 없습니다. 이 옷이 세례인데, 이는 예수님과 함께 죽고 함께 살아난 사람에게만 제공됩니다. 예수님으로 옷을 입은 사람들은 영원한 생명이라는 새로운 생명으로 거듭난 사람들입니다. 성찬은 이렇게 그리스도의 의로 새롭게 거듭난 자들만이 그리스도 안에서 그리스도와 함께 즐길 수 있는 생명의 잔치입니다.

예수님께서는 이 잔치에 자신의 몸을 음식으로, 자신의

피를 음료로 제공하십니다. 성찬에서 제공되는 예수님의 몸과 피를 거룩한 음식과 거룩한 음료라고 부릅니다. 성찬에 참여하는 모든 성도는 예수님의 몸과 피를 먹고 마심으로써 영적 생명력을 얻고 믿음이 자라게 됩니다. 이는 마치 일상의 음식과 음료를 통해 우리의 육신이 힘을 얻고 자라는 것과 같습니다. 그러므로 만일 성찬에 참여하는데도 우리의 믿음이 자라지 않는다면, 이것은 어딘가 문제가 생겼다는 신호입니다. 믿음으로 참된 영적 음식을 먹고 참된 영적 음료를 마시는데도 어떻게 우리의 영혼이 힘을 얻지 못하고 믿음이 자라지 않을 수 있을까요?

그런데 안타깝게도 이러한 성찬 참여의 깊은 의미가 오늘날 한국교회에서는 생소합니다. 왜냐하면 성찬식을 단순히 예수님의 죽으심을 기념하는 것으로만 알거나, 또는 성찬에서 받는 빵과 포도주가 예수님의 몸과 피의 상징에 불과한 것으로만 알고 있기 때문입니다. 물론 "이것을 행하여 나를 기념하라", "이것을 행할 때마다 나를 기념하라"라고 예수님께서 말씀하셨기 때문에, 성찬식은 일종의 기념식이 맞습니다. 하지만 그것은 단순한 기념식에 불과한 것이 아닙니다. 왜냐하면 성찬의 빵과 포도주는 단순히 예수님의 몸과 피를 상징하는 것만이 아니라, 그것을 믿음으로 먹고 마시는 자에게 영적 음식과 음료가 되기 때문입니다.

예수님께서는 자신이 '생명의 떡'이라고 말씀하셨습니다. "나는 하늘에서 내려온 살아 있는 떡이니 사람이 이 떡을 먹으면 영생하리라 내가 줄 떡은 곧 세상의 생명을 위한 내 살이니라"(요한복음 6장 51절) 성찬에서 나눠지는 빵을 통해 우리에게 제공되는 것은 다름 아닌 '생명의 떡'입니다. 마지막 만찬의 자리에서 예수님께서는 떡을 떼어 제자들에게 주시면서 말씀하셨습니다. "받아서 먹으라 이것은 내 몸이니라"(마태복음 26장 26절) 그리고 잔을 들어 감사기도 하신 후에 제자들에게 주시며 말씀하셨습니다. "너희가 다 이것을 마시라 이것은 죄 사함을 얻게 하려고 많은 사람을 위하여 흘리는 바 나의 피 곧 언약의 피니라"(마태복음 26장 27, 28절)

첫 성찬에서 제자들에게 나누어진 빵과 포도주는 예수님의 살과 피였습니다. 그 빵은 영생을 위한 그리스도의 살이었고, 그 포도주는 죄 사함을 얻게 하는 그리스도의 피였습니다. 그러므로 성찬의 빵과 포도주는 단순한 상징에 불과한 것이 아닙니다. 그것은 생명의 양식입니다. 성찬의 떡과 포도주는 믿음으로 먹고 마시는 자에게 영적 생명을 위한 참된 음식과 참된 음료이기 때문입니다. 그리스도의 살을 먹고 피를 마시는 자는 누구든지 그리스도 안에 살고 그리스도께서도 그 안에 사시는 거룩하고 신비로운 연합이 이루어집니다. 이 사실을 예수님께서 친히 제자들에게 가르치셨습니다.

> 내가 진실로 진실로 너희에게 이르노니 인자의 살을 먹지 아니하고 인자의 피를 마시지 아니하면 너희 속에 생명이 없느니라 내 살을 먹고 내 피를 마시는 자는 영생을 가졌고 마지막 날에 내가 그를 다시 살리리니 내 살은 참된 양식이요 내 피는 참된 음료로다 내 살을 먹고 내 피를 마시는 자는 내 안에 거하고 나도 그의 안에 거하나니 살아계신 아버지께서 나를 보내시매 내가 아버지로 말미암아 사는 것 같이 나를 먹는 그 사람도 나로 말미암아 살리라(요한복음 6장 53~57절)

개혁교회가 수용한 성찬교리는 두 종류인데, 츠빙글리의 상징설(*significatio*) 또는 기념설(*commemoratio*)과 칼빈의 영적 임재설(*presentia spiritualis*)입니다. 이 두 성찬교리의 공통점은 성찬의 빵과 포도주는 반드시 믿음으로 먹고 마시는 자에게만 유효하다는 것과, 하나님의 우편에 계신 예수님의 실제 몸은 결코 육신적으로 성찬에 임재하실 수 없다는 겁니다. 차이점이라면 성찬의 빵과 포도주가 상징설 또는 기념설에서는 그것의 실체인 예수님의 몸과 피를 상징하는 단순한 물질을 의미할 뿐이지만, 영적 임재설에서는 예수님께서 자신의 영이신 성령님을 통해 빵과 포도주에 실제로 임재하시기 때문에 물질 이상을 의미한다는 겁니다. 즉 실체(예수님의 몸과 피)와 표징(빵과 포도주)이 기념설에서는 서로 완전히 분리되는 반면, 영적 임재설에서는 서로 구분되긴 하지만 성령님을 통해 신비롭게 하나로 결합된다는 겁니다.

영적 임재설에 따르면, 예수님의 영이신 성령님께서 시공간적으로 분리된 실체와 상징을 하나로 연합하십니다. 또한 믿음으로 성찬에 참여한 신자의 마음을 높이 들어 하늘에 계신 예수님을 만나게 하십니다. 성찬에서 신자가 예수님을 만나는 장소, 즉 예수님께서 임재하시는 장소는 지상 교회가 아니라 하늘입니다. 즉 예수님께서 성령님의 놀라운 능력으로 성찬에 참여한 신자를 실제로 만나주시고 그와 함께 친교를 나누신다는 뜻입니다.

개혁교회는 믿음 없이 성찬에 참여하는 자를 '주의 떡이나 잔을 합당하지 않게 먹고 마시는 자'로서 '주의 몸과 피에 대하여 죄를 짓는 것'으로 간주합니다. 그리고 이런 자는 성찬의 복된 효력은커녕 오히려 '자기의 죄를 먹고 마시는' 화를 당하고 심판을 받게 될 것이므로, 성찬에 참여할 자는 반드시 먼저 '자기를 살피고 그 후에야 이 떡을 먹고 이 잔을 마실' 필요가 있다고 가르칩니다(고린도전서 11장 28~29절).

### 5) 그리스도인은 왜 반드시 기도해야 하나요?

우리가 기도해야 하는 이유는 무엇일까요? 그 이유는 기도가 하나님의 명령이기 때문입니다. 하나님께서는 우리에게 기도를 바라시고 요구하십니다. 그러므로 기도는 그리스도인의 의무입니다. 기도에 관해서 칼빈은 다음과 같이 말했습니다.

> 하나님께 나아가거나 구하지 않는다면, 그것은 우리에게 유익이 되기는커녕 마치 보물이 있다는 이야기를 듣고도 그것을 마냥 땅 속에 묻어놓고 있는 그대로 내버려 두는 것이나 마찬가지일 것입니다.
>
> 하늘의 아버지께서 우리를 위해 간직하고 계시는 그 온갖 풍성한 것들을 얻는 데는 기도가 반드시 필요합니다.
>
> 우리는 기도로써 우리 주님의 복음이 우리 믿음의 눈

을 밝혀주는 그 보화들을 파내는 것입니다.

이 외에도 칼빈은 기도의 유익을 여섯 가지로 제시했습니다.

> 첫째로, 기도는 하나님을 찾고 그를 사랑하며 섬기고자 하는 진지하고도 열정적인 소원으로 우리 마음이 항상 불타오르게 합니다. …… 둘째로, 기도는 하나님 앞에 내어놓기 부끄러운 욕망이나 바람이 우리 마음에 들어오지 못하도록 막아줍니다. …… 셋째로, 기도는 하나님께서 베푸시는 모든 은택을 진정한 감사와 찬송으로 받게 합니다. …… 넷째로, 우리가 구한 것을 받게 하여 하나님이 우리의 기도에 응답하셨음을 깨닫게 함으로써 하나님의 긍휼하심을 더욱 간절히 사모하도록 합니다. 다섯째로, 우리의 기도로 얻어진 복들을 더욱더 큰 기쁨으로 환영하게 합니다. 여섯째로, 우리의 연약한 정도에 따라 다르지만, 기도는 체험을 통해 하나님의 섭리를 확증하게 합니다.

기도의 근거는 신실하신 하나님의 약속입니다. 칼빈에

따르면, 기도는 '결코 우리 자신의 공로에 의존하는 것이 아니라, 그 모든 가치와 성취의 소망이 바로 하나님의 약속에 기초하고 근거하는 것이므로, 기도할 때에 다른 것에 기댈 필요가 전혀 없고, 도움을 구하려고 여기저기 기웃거릴 필요가 없'는 것입니다. 하나님의 약속을 신뢰할 때 그 약속은 기도가 결단코 실패할 수 없다는 것을 보장할 뿐만 아니라, 기도하기를 포기하지 않도록 용기와 인내를 줍니다.

믿음 없는 기도는 허공에 외치는 메아리일 뿐입니다. 칼빈에 따르면, '하나님께서 받으실 만한 기도는 오직 이러한 믿음의 근거에서 나오는 기도요, 따라서 소망에 대한 충만한 확신에 기초한 기도'입니다. 믿음 없는 기도로는 아무것도 얻을 수 없습니다. 그러므로 기도하는 것이 유익이 되려면, 반드시 얻게 되리라는 굳건한 신뢰와 확신이 있어야 합니다. 반대로 기도 없는 믿음은 참된 믿음일 수 없습니다. 그러므로 하나님의 주권과 섭리를 믿는다는 핑계로 기도할 필요가 없다고 생각하는 사람은 진정한 개혁신앙인일 수 없습니다.

그런데 하나님께서는 이미 모든 것을 다 알고 계신데 기도가 필요할까요? 이에 대해 칼빈은 말하기를, '기도는 하나님을 위한 것이 아니라 우리 자신을 위한 것'이라고 합니다. 또한 "간구하는 자의 기도를 들어주신다는 사실보다 하나님의 본성에 더 잘 어울리는 것은 없습니다."라고도 말했습니다. 하나님께서는 우리가 비참한 상태에 대해 무감각하거나 무뎌져 있을 때에도 깨어 계셔서 우리를 살피시고, 심지어 우리가 아뢰지 않았음에도 우리를 도우시는 분이십니다. 그럼에도 불구하고 끊임없이 하나님께 아뢰는 기도는 우리에게 매우 유익할 뿐만 아니라, 매우 중요한 일이기도 합니다. 기도는 우리를 향한 하나님의 소원인 동시에 약속이고 명령이기 때문입니다. 하나님께서는 늘 깨어계셔서 눈먼 자들의 필요를 채워주시지만, 동시에 귀로는 우리의 간구 소리를 기꺼이 듣고 싶어 하십니다.

그렇다면 기도의 요소로는 어떤 것들이 있을까요? 여기에는 세 가지가 있습니다. 첫 번째는 하나님의 창조와 섭리를 찬양하고 구원을 위해 일하시는 하나님의 사역을 감사하는 겁니다. 두 번째는 자신이 저지른 죄를 고백하고 용서를 구하는 겁니다. 마지막 세 번째는 기도자가 바라는 소원이 이루어지기를 간청하는 겁니다. 누구든지 먼저 하나님의 선하심과 위대하심을 믿고 인정하지 않는다면, 결코 자신의 잘못을 고백하거나 용서를 간구하는 기도를 하지 않을 것이며 할 수도 없을 겁니다. 그리고 자신의 죄가 하나님 앞에서 용서받았다는 확신이 없다면, 결코 자신이 기도하는 소원이 이루어지리라는 확신도 없을 겁니다. 이에 대해 칼빈은 다음과 같이 말했습니다.

> 순전한 기도는 우리 자신을 하나님 앞에서 교만하게 높이거나 우리 자신에게 속한 어떤 것에 큰 가치를 부여하는 것이 아닙니다. 순전한 기도는 오히려, 우리의 죄과를 고백하며 하나님 앞에 우리의 슬픔을 토로하며, 마치 자녀가 그 부모에게 하듯 친밀하게 우리의 필요를 내어놓는 것입니다.

선하시고 위대하신 하나님, 사랑으로 충만하신 하나님 앞에서 자신이 얼마나 보잘것없는 존재인가를 알고 인정하는 겸손한 사람만이 진정으로 기도할 수 있습니다. 하나님께서 기도를 요구하시는 것은 겸손을 위해서만이 아니라, 살아갈 수 있는 용기와 힘을 주려 하시는 것입니다. 대부분 우리는 절실한 필요에 봉착하여 극도로 불안을 느껴서 절망에 빠져들 때 비로소 기도하기 시작합니다. 삶의 고난과 고통과 절망이 우리를 기도의 자리로 안내하는 최선의 자극제인 겁니다. 그런데 하나님의 자녀가 고난과 고통과 절망으로 가득한 세상을 극복할 수 있는 유일한 희망은 하늘 아버지의 사랑입니다. 이미 태어날 때부터 이기적인 경향으로 기울어있는 인생은 사랑이 부족한 상태이므로, 항상 사랑에 목말라 합니다. 하나님께서는 그런 사람들이 자신을 찾을 때, 기꺼이 자신의 능력을 베푸십니다. 이러한 하나님의 사랑이 일으키는 기적, 이것이 바로 기도의 능력입니다.

우리는 살기 위해 기도하는 겁니다. 기도는 우리 인생을 통째로 하나님께 맡기는 훈련입니다. 이 훈련은 특별한 사람만을 위한 것이 아닙니다. 칼빈에 따르면, '기도는 신자들이 하나님과 나누는 친밀한 교제요 교통'입니다. 우리의 하늘 아버지께서는 자녀인 우리가 날마다 그분을 찾고, 그분과 대화로 교제하는 일을 무엇보다 기뻐하십니다. 대화를 통한 교제가 곧 기도입니다. 하나님께서는 우리의 연약함과 부족함뿐만 아니라, 무지함과 미숙함까지도 모두 아시고 용납하십니다. 그러므로 우리는 아무런 두려움 없이 편안한 마음으로 하나님께 나아가 친밀한 대화를 요청할 수 있습니다.

◈ **토론을 위한 질문** ◈

1) 교회의 속성과 표지는 각각 무엇인가요?

2) 사도행전 2장에 근거한 예배의 4대 요소는 무엇인가요?

3) 목사의 설교를 왜 하나님의 말씀이라고 할까요?

4) 물세례와 성령세례는 무엇을 의미하며, 서로 어떤 관계인가요?

5) 성찬의 빵과 포도주를 왜 참된 영적 음식과 음료라고 하는 건가요?

6) 기독교의 기도가 다른 종교의 기도와 다른 이유는 무엇인가요?

---- 제4장

# 종말

## 1) 천국의 삶은 죽음 이후에야 비로소 시작되나요?

'하나님 앞에서'(*coram Deo*)라는 구호는 우리가 누구이며 어떻게 살아야 하는지를 깨닫게 합니다. 즉 우리는 모두 하나님 앞에서 죄인이며, 우리 삶은 전부 하나님 앞에서 밝혀진다는 겁니다. 하지만 하나님 앞에서 죄인이었던 자가 믿음을 통해 이제는 의인이 되었습니다. 루터는 이것을 '죄인인 동시에 의인'이라고 불렀습니다. 죄인인 동시에 의인인 신자는 하나님을 알고 그분을 섬기는 사람입니다. 하나님 앞에서 성실과 정직과 겸손의 삶을 살아야 할 사람입니다. 하나님 앞에서 두렵고 떨림으로 구원을 이루어가야 할 사람입니다. 살아계신 하나님 앞에서 죄를 먹고 마시며 자기 멋대로 산다면, 빛과 진리보다 거짓과 어둠을 더 좋아한다면, 그는 결코 빛과 진리이신 예수님 안에서 사는 자가 아닙니다.

모든 선한 열매는 오직 선하신 하나님께로부터만 나올 수 있습니다. 그러므로 그리스도인이 지상에서 맺는 삶의 선한 열매는 모두 하나님께서 베푸신 은혜와 사랑의 결과물입니다. 따라서 만일 우리가 이 중 어떤 것이라도 우리 자신의 자랑거리로 삼는다면, 우리는 하나님의 영광을 훔치고 찬탈하는 배은망덕한 도둑과 다름없게 됩니다. 그러므로 우리는 선한 열매를 맺을 때마다 더욱 겸손히 하나님께 감사하고, 하나님을 찬양하며 살아야 하는 겁니다. 이것이 '오직 하나님께만 영광이'(*Soli Deo gloria*) 돌아가기를 바라는 그리스도인의 바른 신앙생활입니다.

하나님께서는 성실하지 못한 삶, 정직하지 못한 삶, 겸손하지 못한 삶을 기뻐하지 않으시며, 결코 좌시하지도 않으십니다. 선한 열매, 성령의 열매가 없는 나무마다 모두 찍어 불타는 아궁이에 던져질 겁니다. 우리에게 열매를 맺을 수 있는 기회는 우리가 살고 있는 지금 이곳뿐입니다. 그러므로 지금 이곳에서 언제나 자신을 하나님 앞에 세우는 삶, 항상 하나님을 의식하고 말씀에 순종하는 삶, 오직 하나님께만 영광을 돌리는 삶을 살아야 합니다. 이것이 지금 이곳에서 살아가는 천국백성의 삶입니다. 그렇다면 지상에서 천국 같은 곳은 어디일까요? 천국백성의 모임인 교회가 아닐까요?

천국백성이란 천국에 속한 백성, 즉 하늘나라의 백성이란 뜻입니다. 그리고 하늘나라란 하나님께서 왕으로 통치하시는 하나님의 나라를 뜻합니다. 이것은 지상나라와는 반대 개념의 나라, 또는 전혀 다른 성격의 나라입니다. 이런 점에서 천국 백성은 지상 왕국의 백성과 구분될 수밖에 없습니다. 또한 하늘나라는 하나님의 나라로서 사탄의 나라와도 반대됩니다. 하나님의 나라는 의의 나라인 반면, 사탄의 나라는 불의의 나라입니다. 하나님의 나라와 사탄의 나라는 결코 동맹국이 될 수 없습니다. 사탄의 나라는 사탄이 하나님을 대항하기 위해 세운 나라이므로, 세워진 그 순간부터 하나님의 나라를 무너뜨리기 위해 끊임없이 공격하는 하나님 나라의 가장 악질적인 적대국입니다.

이런 사탄의 나라(이 세상을 악으로 지배하는 사탄의 세력)를 몰아내시기 위해 예수님께서는 친히 하나님의 나라를 가지고 오셨습니다. 즉 예수님의 성육신은 사탄의 권세가 지배하는 불의의 나라를 무너뜨리시기 위해 하나님께서 친히 자신의 나라를 지상에 건설하시고 대대적인 공격을 개시하시는 신호탄이었던 겁니다. 그리고 예수님의 십자가는 이 두 나라 사이에 벌어진 최후의 전투 장소였습니다. 십자가에서 흘리신 예수님의 피는 하나님께서 자신의 백성을 구원하시고 사탄의 나라를 멸하시기 위해 던지신 사랑의 원자탄이었습니다. 이것은 사탄의 머리를 통째로 날려버리는 최후의 일격이었습니다. 그러므로 예수님의 십자가는 의의 나라인 하나님의 나라가 불의의 나라인 사탄의 나라를 정복한 최후 승리의 장소이기도 합니다. 거기서 예수님께서는 최후의 승리자가 되신 겁니다. 그러면 예수님의 부활은 무엇을 상징할까요? 그것은 불의의 나라이자 죄악의 나라요 죽음의 나라인 사탄의 나라를 정복하신 예수님께서 만왕의 왕으로 등극하시는 것을 만천하에 공표하는 사건이었습니다.

이렇듯 예수님의 죽으심과 부활하심은 하늘에서뿐만 아니라 지상에서도 드디어 하나님의 통치, 즉 하나님의 나라가 본격적으로 가동되기 시작했다는 가장 강력한 증거입니다. 성부 하나님께서는 우리 주 예수 그리스도를 하늘나라의 왕으로 세우셨습니다. 그러므로 하나님의 나라는 예수님의 나라, 곧 그리스도의 나라입니다. 천국은 그리스도께서 만왕의 왕으로 다스리시는 그리스도의 나라입니다. 그리스도께 속한 자들은 그 나라의 백성입니다.

그리스도를 통해 이미 지상에 임한 하나님의 나라는 신자가 죽어야 비로소 들어갈 수 있는 나라가 아닙니다. 천국 백성인 그리스도인은 이 땅에서부터 천국의 삶을 누릴 수 있고 누려야 하는 사람들입니다. 따라서 천국은 죽어서 들어가는 나라가 아니라 살아서 들어가는 나라, 또는 살아 있을 때 들어가는 나라입니다. 때문에 그 나라에 들어갈 수 있는 기회는 지금 이곳, 즉 지상에서 사는 단 한 번의 인생뿐입니다. 이 땅에 사는 동안 그리스도와 함께 죽고 다시 살아난 자들만이 들어갈 수 있는 나라가 천국입니다. 성경이 하나님을 죽은 자의 하나님이 아니라 산 자의 하나님이라고 하는 것도 바로 천국이 산 자의 나라이기 때문입니다. 죽은 자는 아무도 들어갈 수 없는 나라입니다.

그럼 죽은 신자가 가는 곳은 어디일까요? 그곳은 '파라다이스'(Paradise), 즉 '낙원'입니다. 이 단어는 예수님과 함께 십자가에 달린 한 행악자에게 하신 말씀에 나옵니다. "오늘 네가 나와 함께 낙원에 있으리라"(누가복음 23장 43절) 그럼 낙원과 천국은 다를까요? 낙원과 천국은 같은 곳이기도 하고 다른 곳이기도 합니다. 낙원이 죽어야 비로소 들어갈 수 있는 곳인 반면에 천국은 이미 이 땅에 살면서 들어갈 수 있는 곳입니다. 이것이 낙원과 천국의 가장 큰 차이점입니다. 하지만 우리는 낙원에 대해 아는 것이 거의 없습니다. 물론 천국에 대해서도 속속들이 아는 것이 아니라, 극히 일부만 알 뿐입니다.

천국은 산 자의 나라입니다. 예수님 안에 있고 예수님과 함께 사는 자, 예수님을 주인으로 모시고 사는 자의 나라가 천국입니다. 그들은 모두 한결같이 예수님께 속한 자들이요, 예수님의 몸의 지체들입니다. 이들은 예외 없이 머리이신 예수님의 지배를 받습니다. 예수님께서는 자신의 영이신 성령님을 통해 각 지체에게 필요한 자양분을 적당하고 적절하게 공급하십니다. 예수님께서 자신의 나라를 다스리시는 방법은 사랑으로 모든 지체를 세밀하게 돌보시고 섬기시는 겁니다. 그러므로 예수님께서 다스리시는 예수님의 나라는 사랑과 섬김의 천국입니다. 그러므로 천국 백성도 예수님처럼 사랑하고 섬기기 위해서는 먼저 자신만 사랑하고 자신만 섬기는 이기적인 본성을 끊어내야 하는데, 이것이 자신을 죽이는 자기부인의 삶입니다. 자기부인의 삶이란 성령 하나님의 도움 없이는 불가능합니다.

그렇다면 천국은 지상에 세워진 나라일까요? 맞습니다. 하지만 이 땅에 속하지 않기 때문에 지상나라가 아닌 하늘나라라고 부르는 겁니다. 천국은 이미 예수님께서 이 땅에 가져와 세우신 나라이지만, 아직 완성된 나라는 아닙니다. 이미 시작된 지상천국인 하나님의 나라는 마지막 완성의 시점을 향해 전진하는 과정에 있습니다. 하나님 나라의 완성 시점은 예수님께서 다시 오시는 재림의 순간입니다. 예수님의 재림을 통해 세상은 최후의 종말과 최후의 심판을 맞이할 겁니다. 예수님께서는 승천하신 그 모습 그대로 다시 이 땅에 오실 겁니다. 예수님께서 가르쳐주신 기도의 내용처럼, 우리는 완성된 그 나라가 속히 이 땅에 이루어지기를 간절히 바라고 기도하며 살아야 합니다. 또한 우리 모두는 그 나라를 위한 하나님의 일꾼이므로 그 나라가 속히 오도록 최선을 다해야 합니다. 이것이 '그리스도를 본받는' 삶입니다.

머리이신 예수님께서는 지상에서 살아가는 자신의 모든 제자들에게 지상명령, 즉 땅 끝까지 복음을 전하는 증인이 되라는 명령을 주셨습니다. 그런데 예수님께서 분명 지금 이 세상의 주인이시지만, 그렇다고 지금 이때가 예수님께서 세상의 모든 악을 완전히 정복하시는 때는 아닙니다. 그보다도, 지금 하나님 보좌 우편에 계신 예수님께서 세상의 완전한 주인으로 다시 오실 겁니다. 그때에야 비로소 세상의 모든 악을 심판하고 멸망시키는 하나님의 나라가 온전하게 완성될 겁니다.

## 2) 예수님의 재림은 우주적 종말과 최후의 심판을 의미하나요?

예수님의 재림을 대망하는 종말론적 신앙은, 그리스도인으로 하여금 지금 살고 있는 환경이 아무리 좋아도 자신이 이 세상 속에 사는 한 사람의 나그네라는 신분을 망각하지 않고 항상 기억해야 한다는 것을 의미합니다. 그렇다고 이 세상을 도피하거나 등지고 살 필요는 없습니다. 그리스도인은 만왕의 왕이신 예수님을 모시고 사는 성도입니다. 그러므로 지상의 그리스도인은 담대하고 당당하게 이 세상의 악과 맞서 싸울 수 있고 싸워야 합니다.

의의 세력과 불의의 세력 사이의 전쟁은 의의 왕이신 예수님과 불의의 왕인 사탄 사이의 전쟁입니다. 하나님의 나라와 사탄의 나라 사이의 우주적인 전쟁입니다. 이 전쟁은 예수님께서 다시 오실 때에 비로소 종결될 겁니다. 이미 예수님께서 십자가 위에서 악과 불의의 세력인 사탄에게 치명상을 입히셨기 때문에, 영적 전쟁의 최후 승리는 확실히 예수님을 대장으로 모신 우리의 것입니다. 하지만 우리가 살아가는 삶의 현장은 사탄의 마지막 발악이 너무나도 거세어서 한 순간도 방심할 수 없는 치열한 전쟁터입니다. 그러므로 예수님의 군사로서 영적 전투에 임한 성도는 사탄의 침략에 대비하기 위해 항상 깨어있어야 합니다.

악과 불의로 가득한 이 세상을 마치 자신의 나라처럼 마음대로 조종했던 사탄은 지금 이 순간에도 우는 사자처럼 먹잇감을 찾아 세상을 두루 다니고 있습니다. 예수님 안에 있는 성도들을 공격하기 위해 밤낮으로 계략을 세우고 틈만 나면 공격을 서슴지 않습니다. 이러한 사탄의 공격을 막는 최선의 방어책은 깨어서 말씀을 묵상하고 기도함으로써 예수님과 더 깊은 교제를 나누는 겁니다. 이것 외에는 이 땅을 하나님의 나라로 만들 수 있는 다른 길이 없습니다. 예수님께서 이 땅에 하나님의 나라를 세우신 지도 벌써 2,000년이 지났는데, 악과 불의가 줄어들거나 사라지기는커녕 오히려 더 증가하고 기승을 부리는 것 같습니다.

그렇다면 과연 이 세상에서 모든 악과 불의가 완전히 사라질 수 있을까요? 사라진다면 대체 언제 어떻게 사라지게 될까요? 아니 사라지게 될 희망이 있는 걸까요? 있다면 무엇일까요? 희망은 분명히 있습니다. 그 희망은 바로 우리 주 예수 그리스도이십니다. 이미 이 땅에 오셨던 예수님께서는 반드시 다시 오실 겁니다. 예수님의 재림이야말로 악과 불의가 완전히 제거될 유일한 희망입니다. 예수님께서 다시 오실 때는 세상의 모든 악과 불의를 남김없이 심판하시고 제거하실 심판주로 오실 것이기 때문입니다. 그러므로 영적 전쟁의 일선에서 치열하고 힘겹게 싸우는 그리스도인은 예수님께서 하루 속히 오시기를 간절히 소망하고 기도해야 합니다. "아멘, 주 예수여 오시옵소서"(요한계시록 22장 20절) 그 날에는 모든 알곡과 가라지가 확실하게 분리될 겁니다.

지금 이 시대는 예수님의 초림과 재림 사이의 중간기입니다. 이 중간시대를 종말시대라 부릅니다. 종말시대는 은혜의 시대, 교회의 시대, 혹은 성령의 시대라 불리기도 합니다. 예수님의 초림과 재림 사이의 중간기는, 예수님의 초림을 통해 이 세상에 이미 임한 하나님의 나라가 예수님의 재림을 통해 도래하는 완성된 하나님의 나라로 발전하는 과정입니다. 하지만 하나님의 나라의 발전은 세월이 지날수록 점진적으로 악의 세력이 축소되고 선의 세력이 확대되는 것을 필연적인 현상으로 전제하지 않습니다. 오히려 하나님의 나라의 발전 현상은 변화무쌍한 날씨와 유사합니다. 일기 예보가 어느 정도만 예측 가능한 것처럼, 하나님의 나라의 발전 현상도 일정 부분만 예측 가능할 뿐입니다. 더군다나 이 예측도 반드시 그렇게 된다고 보장할 수는 없습니다. 정확한 예측은 불가능합니다. 미래의 일에 관해서는 사탄조차도 알 수 없고, 오직 하나님 한 분만 아시기 때문입니다.

그럼에도 하나님의 나라의 발전은 크게 두 방향으로 나

타난다고 말할 수는 있습니다. 그 하나는 악의 축소와 선의 증가이고, 다른 하나는 반대로 악의 증가와 선의 축소입니다. 하지만 하나님의 나라 운동은 진자운동처럼 한쪽 방향의 끝에 다다를 때 비로소 다른 방향이 시작되는 방식으로 진행되지 않습니다. 오히려 두 방향으로 동시에 진행됩니다. 즉 선이 증가할 때는 악이 축소되는 것과 같은 현상이 나타나고, 반대로 선이 축소될 때는 악이 증가하는 것과 같은 현상이 나타나는 겁니다. 하지만 이것은 단지 현상적인 것일 뿐, 그 현상이 반드시 실재와 같다고 볼 수만도 없습니다. 오히려 실재는 때로 현상과 반대일 수도 있습니다. 이것은 악이 기승을 부리는 것처럼 보이는 현상 속에서 실제로 선이 더 증가하는 일이 빈번하게 벌어지기도 한다는 뜻입니다. 왜냐하면 하나님의 나라는 외적이고 양적으로가 아니라 오히려 내적이고 질적으로 계산되는 믿음의 세계, 영적 세계이기 때문입니다. 이것이 영적 세계의 법칙입니다.

예수님의 재림은 이 땅을 살아가는 모든 그리스도인의 희망적인 미래 사건입니다. 이 재림은 그리스도인의 인생에서 한편으로는 끊임없는 위로이며, 다른 한편으로는 잃어버릴 수 없는 용기입니다. 하나님의 나라는 마지막 날에 반드시 완성될 것이며, 지금 이 땅의 하나님의 나라는 그 완성될 미래의 그날을 향해 부단히 전진하고 있기 때문입니다. 그러므로 하나님 나라의 백성은 지금 이 순간 이 땅에 있든 저 낙원에 있든, 그 나라의 완성을 간절히 소망해야 합니다. 하나님 나라의 완성은 천사는 물론 다른 모든 피조물도 기다리는 우주적인 사건입니다. 하나님의 나라가 완성될 그날은 모든 악이 심판을 받는 우주적인 종말의 날입니다. 비록 지금은 선과 악이 섞여 있지만, 그날에는 악이 완전히 소멸해 선과 함께 섞일 수 없을 겁니다.

뿐만 아니라 그날에는 모든 육체가 다시 부활하여 자신의 영혼과 하나가 될 겁니다. 천국백성은 산 자든 죽은 자든 모두 한결같이 그 육체의 부활을 간절히 소망하고 기다리겠지만, 지옥백성은 아무도 육체의 부활을 소망하지 않을 겁니다. 낙원의 백성은 하나님과 함께 누리고 있는 영광을 영혼만이 아니라 육체도 누리기를 바라고 또한 그 연합을 통해 진정한 영생을 살겠지만, 지옥의 백성이 육체의 부활을 소망하지 않는 이유는 영혼이 겪고 있는 끔찍한 고통만으로도 견디기 어렵기 때문이며, 또한 두 번째 죽음인 최후의 죽음이 기다리고 있기 때문입니다.

낙원은 이 땅에서 천국백성이 된 사람만이 죽어서 들어가는 곳입니다. 지상에서 천국의 새 생명을 얻지 못한 사람은 결코 낙원에 들어갈 수 없으며, 완성될 하나님의 나라를 기다리지도 않습니다. 예수님께서 다시 오실 때 최고의 기쁨은 천국백성의 육체가 부활의 몸이 되는 경험입니다. 이는 천국백성이 경험하는 구원의 백미일 겁니다. 재림의 날에 예수님 안에서 죽은 자의 영혼은 새로운 부활체를 입고 산 자의 육신은 부활체로 변할 겁니다. 예수님께서 그 부활의 첫 열매이시기 때문에, 부활의 예수님 안에 있는 모든 성도 역시 예수님처럼 반드시 육체의 부활을 경험하게 될 겁니다.

육체의 요소가 완전히 배제된 플라톤의 영혼불멸 사상과는 달리, 기독교는 영혼불멸과 함께 육체의 부활을 가르칩니다. 플라톤의 사상에서 영혼은 시작도 끝도 없는 불멸의 신적 존재이지만, 기독교에서 영혼은 하나님의 피조물로서 육체와 결합할 때 비로소 완전체가 됩니다. 예수님의 재림을 통한 육체의 부활은 마지막 구원 사건입니다. 그러므로 육체의 부활에 대한 소망이 없는 기독교 신앙은 불가능합니다. 그 부활의 소망이 없다면 진정한 기독교 신앙이 아닐 것입니다.

### ◈ 토론을 위한 질문 ◈

1) 천국이란 무엇인가요?

2) 천국과 낙원의 공통점과 차이점은 무엇인가요?

3) 종말론적 신앙이란 무엇인가요?

4) 예수님의 재림과 우주적 종말은 어떤 관계인가요?

5) 플라톤의 영혼불멸 사상과 기독교의 영혼불멸 개념은 어떤 점에서 다른가요?

## 나가면서
# 교리가 중요한 이유는 무엇인가요?

칼빈은 교리(*doctrina*), 즉 성경의 가르침을 기독교의 영혼, 교회의 영혼이라고 말했습니다. 이렇듯 칼빈에게 교리 없는 기독교는 영혼 없는 몸과 같은 것이었습니다. 또한 그는 교회 건설을 위해 기독교 교리가 얼마나 중요한지 아주 분명하게 상기시켜줍니다. 따라서 교리의 중요성은 아무리 강조해도 지나치지 않습니다. 한국교회가 병들어 가고 있는 현상도 건전한 교리의 부재로부터 시작된 겁니다. 영혼의 양식이 부실하고 상하면 예수님의 몸인 교회가 병들 수밖에 없습니다. 영혼에 공급되어야 할 영적 양식은 영양도 부족하지 않아야 하고 상태도 신선해야 합니다. 그렇게 되려면 성령 하나님의 도움이 반드시 필요합니다.

기독교 교리는 하나님 중심적입니다. 그러므로 인간 중심적일 수도 없고, 그렇게 되어서도 안 됩니다. 하지만 오늘날 선포되는 설교의 교리는 안타깝게도 하나님 중심적이기보다 청중 중심적인 경우가 허다합니다. 더 안타까운 것은 이것을 지극히 정상적이고 당연하게 여긴다는 사실입니다. 강단의 설교가 교리적으로 부실하기 때문에 오늘날 이렇게 많은 이단들이 교회를 어지럽히고 위협하는 지경에 이른 것이 아닐까요? 바른 교리가 없는 삶은, 마치 모래 위에 쌓은 성처럼 높이 쌓을수록 빨리 무너지고 심하게 부서집니다.

그리스도인의 행복한 삶은 교리에서 시작됩니다. 기독교 신앙과 교회는 성경적인 신학과 하나님 중심적인 강단 설교를 통해서만 든든히 세워져갈 수 있습니다. 물론 교리는 이론이 아닙니다. 기독교 교리는 정적인 것이 아니라 동적인 겁니다. 성경이 살아있는 하나님의 말씀인 것처럼, 기독교 교리도 살아있을 때 진가를 발휘합니다. 삶을 통해 실천되지 않는 교리는, 화려하지만 생명력 없는 조화(造花)에 불과합니다. 이런 점에서 마르틴 부써의 말은 의미심장합니다. "참된 신학은 경건하고 복되게 살기 위한 지식입니다." "참된 신학이란 이론적이거나 사변적인 것이 아니라, 활동적이고 실천적입니다." 개혁주의 신학이 참된 신학이라면, 이것은 분명 살아 있는 신학이요 살리는 신학이어야 합니다. 이런 점에서 '모든 그리스도인은 신학자'라는 루터의 가르침을 따라 우리도 신학자가 되어야 합니다.

# 참고문헌

존 칼빈 지음, 양낙흥 옮김, 『기독교 강요』(1536년 초판), 크리스챤다이제스트, 2016.

존 칼빈 지음, 문병호 옮김, 『기독교 강요』(초판 한-라 대역판), 생명의말씀사, 2009.

헤르만 바빙크 지음, 김영규 옮김, 『하나님의 큰 일』, CLC, 2015.

헤르만 바빙크 지음, 존 볼트 엮음, 김찬영·장호준 옮김, 『개혁파교의학』(단권축약본), 새물결플러스, 2015.

마이클 호튼 지음, 이용중 옮김, 『언약적 관점에서 본 개혁주의 조직신학』, 부흥과개혁사, 2012.

하인리히 헤페 엮음, 이정석 옮김, 『개혁파 정통 교의학』, 크리스챤다이제스트, 2007.

고든 스파이크만 지음, 류호준·심재승 옮김, 『개혁주의 신학』, CLC, 2002.